LIFELO

[Na lifelo] esika nkusu na bango ekokufa te mpe moto ekozimama te.
Mpo ete moto na moto akotiama moto lokola mongwa.
(Malako 9:48-49)

LIFELO

Dr. Jaerock Lee

LIFELO na Dr. Jaerock Lee
Ebimisami na Urim Books (Representante: Johnny. H. Kim)
253-3, Guro-dong3, Guro-gu, Seoul, Coree
www.urimbooks.com

Buku oyo na mobimba na yango to eteni, ekoki soko moke te kozala photocopier, kotiama na bisika oyo moto nioso akoki kozwa yango, to na masini,to ordinateur, ezala casete na internet, kaka soki mokomi na yango apesi nzela.
Kaka soko nzela mosusu epesami. Makomi nioso mazwami kati na Biblia Esantu, NEW AMERICAN STANDARD BIBLE, ©, Ba droits d'auteur ya 1960, 1962, 1963, 1968, 1971, 1972, 1973, 1975, 1977, 1995 na fondation Lockman. Esalemaka soki nzela epesami.

Ba droits d'auteur © 2011 na Dr. Jaerock Lee
ISBN: 979-11-263-1253-5 03230
Droit d'auteur ya Traducteur © 2003 na Dr. Esther K. Chung.
Ekosalelama soki nzela epesemi

Ebimisama liboso na koreen na Urim Books na mbula 2002

Edition wa yambo: Decembre 2011

Edite na Dr. Geumsun Vin Traduction na Bureau ya edition na Urim
Mpona basango yakobakisa mona urimbook@hotmail.com

Preface

Nakolikia ete buku oyo ekosalelama lokola lipa na bomoi oyo ekomema milimo ebele na Lola kitoko na komema bango na kososola bolingo na Nzambe oyo Alingi bato nioso bazwa lobiko...

Lelo tango bato bakoyokaka likolo na Lola mpe Lifelo, mingi kati na bango bakozongisaka mabe, nakolobaka ete, "Lolenge nini nakoki kondima makambo na lolenge oyo na ekeke oyo ya komata na mayele?" "Bosi bokenda na Lola to Lifelo?" to "Bokoyeba makambo mana kaka soki bokufi."

Bosengeli koyeba na liboso ete ezali na bomoi sima na kufa. Ezali retard na sima na bino kopema pema ya suka. Na sima na pema na bino ya suka na mokili oyo, bokozala na libaku malamu mosusu te mpona kobika lisusu. Kaka esambiseli na Nzambe, bisika wapi bokobuka oyo bolonaki na mokili oyo, nde ekozela bino.

LIFELO

O nzela na Biblia, Nzambe asi atalisi biso ete nzela na lobiko, kozala na Lola mpe Lifelo, na esambiseli oyo ekozala kolandisama na Liloba na Nzambe. Atalisa misala malamu na nguya na Ye o nzela na basakoli mingi na boyokani na kala mpe Yesu.

Ata lelo, Nzambe Akotalisa bino ete Azali na bomoi mpe ete Biblia ezali solo na kotalisaka bikamwa, bilembo, mpe misala misusu na esengo na nguya na Ye ekomama kati na Biblia na nzela na basali na Ye ya mpiko mpe ya sembo. Ata na bilembo na misala na Ye ebele, ezali nab aye bandimaka te. Bongo, Nzambe Atalisa bana na Ye Lola na Lifelo, mpe Apesa bango makasi mpona kotalisa nini bango bamonaki na mokili mobimba.

Nzambe wa bolingo Alimbolelaki ngai mpe Lola mpe Lifelo na mozindo mpe Asengaki ngai na mbangu mbangu ete nateya sango na mokili mobimba lolenge kozonga na Yesu ekomi penepene.

Tango nalobaki makambo na mawa mpe oyo etombokisaka na nse na nkunda oyo ezali eteni na Lifelo, namonaki ebele na bandimi na lingomba na ngai kolenga na mawa mpe kotangisa mpinzoli mpona milimo oyo esopanaki kati na somo mpe minyoko makasi na etumbu na Nkunda na nse.

Milimo miye mibikisama te mizali na Nkunda na Nse kaka kino esambiseli na ngwende monene ya pembe ekosalema. Na sima na esambiseli, milimo mibikisama te mikokweya soko na libeke na moto soko libeke na sulufulu mizali kozika ezali pasi koleka etumbu na nkunda na nse.

Preface

Nazali kokoma oyo Nzambe Atalisa ngai o nzela na misala na Molimo Mosantu kolandana na Liloba na Nzambe kati na Biblia. Buku oyo ekoki kobengama sango na boligo ya solo kowuta na Nzambe Tata na biso oyo Alingi kobikisa milimo mingi ekoki na masumu na kotikaka bango bayeba libela na pasi oyo ekosilaka ten a Lifelo.

Nzambe Apesa muana na Ye se moko mpona kokufa na ekulusu mpona kobikisa bato nioso. Alingi mpe ata ko prevenir molimo moko na kokweya na lifelo mabe. Nzambe atalaka molimo moko na motuya koleka mokili mobimba mpe bongo Azalaka na esngo mingi, Asepelaka na mapinga na Lola mpe banje tango moko abikisami na kondima.

Napesi nkembo nioso mpe matondi epai na Nzambe oyo Amema ngai na kobimisa buku oyo. Nakolikia ete bokoya na kososola motema na Nzambe oyo Alingaka kobungisa ata molimo moko ten a Lifelo, mpe ete bokozwa bondimi ya solo. Lisusu, nakosenga na bino bosakola noki noki Sango malamu na milimo nioso miye mizali kokende na Lifelo.

Nazali mpe kopesa matondi na Urim Books mpe na basali na yango nioso mpe na Geumsun Vin, Directrice ya bureau d'edition.

Nakolikya ete batangi nioso bakososola ete ezali mpenza na bomoi na seko sima na kufa mpe esambiselo, mpe bakozwa lobiko ekoka.

Jaerock Lee

Kolandisama

Nakobondelaka ete milimo mingi mikokoka kososola pasi na Lifelo, batubela, balongwa na nzela na kufa, mpe babikisama...

Molimo Mosantu Atalisaki Dr. Jaerock Lee, mokambi way ambo na egelesia central Manmin mpona koyekola likolo na bomoi sima na kufa mpe Lifelo ya mawa. Tosangisi mateya na ye mpe lelo tobimisi Lifelo mpo ete milimo mingi bakoka koyeba likolo na Lifelo na malamu mpe na mozindo. Napesi nkembo nioso na matondi epai na Nzambe.

Bato mingi lelo balukaka koyeba likolo na bomoi sima na kufa, kasi ekoki te mpona biso tozwa biyano na kosuka na makoki na biso. Buku oyo ezali kotalisa Lifelo malamu, oyo etalisama na eteni epai na biso kati na Bilia. Lifelo ezali na ba chapitre libwa.

Chapitre 1 "Ezali mpenza na Lola mpe Lifelo?" etalisi structure na Lola mpe Lifelo. O nzela na lisese na mozwi na mobola Lazalo na Luka 16, Nkunda na Likolo- Bisika wapi milimo mibikisama na boyokani na kala mizalaka kozela-

Na chapitre 2 "Nzela na lobiko mpona ba oyo batikala koyoka Sango malamu te" esambiseli na motema elobami. Ba lolenge na lolenge mpona esambiseli na likambo na likambo elimbolami: bana balongolama na ba zemi to na kobungisa zemi, bana banda mbotama kino mbula mitano, mpe bana kobanda mbula motoba kino ebandeli na bolenge.

Chapitre 3 "Nse na nkunda mpe identite na batindami na Lifelo" elimboli bisika na kozela na nkunda na nse. Bato, sima na kufa, bazalaka na bisika na kozela na nkunda na nse mpona mikolo misato nde na sima batindami na bisika ekesana na Nkunda na Nse kolandana na monene na masumu na bango, mpe bakonyokolama kuna kino esambiseli na ngwende monene ya pembe. Identite ya milimo mabe bakambaka Nkunda na Nse elimbolami mpe lokola.

Chapitre 4 "Bitumbu na Nkunda ya Nse na bana oyo babikisama te" etalisi ete ata bana misusu ba oyo bakoki ata kososola mabe na malamu te bakozwaka lobiko te. Ba lolenge ekesana na bitumbu epesameli bana ekabolami nab a mbula na bango: etumbu mpona ba fetuse mpe bana komela mabele, bana mike, bana na mbula misato kino mitano, mpe bana na mbula motoba kino zomi na mibale.

LIFELO

Chapitre 5 "etumbu na bato oyo bakufaka sima na bolenge," etalisi etumbu epesamaka na bato mikolo koleka mbula na bilenge. Etumbu mpona bato nioso koleka mbula zomi na misato mikabolama na bitape minei kolandana na monene na masumu na bango. Koleka na mabe na masumu na bato monene etumbu bango bakozwa.

Chapitre 6 "Etumbu mpona kotiola Molimo Mosantu," ekozongisa batangi lolenge ekomama kati na Biblia, ezali na masumu makolimbisamaka ten a oyo bokoki kotubela te. Chapitre mpe elimboli ba lolenge na lolenge na bitumbu o nzela na ba ndakisa na mozindo.

Chapitre 7 "Lobiko na tango na pasi monene" ekebisi biso ete tozali kobika na ekeke na suka mpe kozonga na Nkolo ekomi mpenza penepene. Chapitre oyo elimboli na mozindo nini ekosalema na tango na bozongi na Christo, mpe bato oyo bakotikala sima tango na pasi bakoka kaka kozwa lobiko o nzela na kobomama. Ezali mpe kotindika bino komibongisa lokola basi kitoko na libala na Nkolo Yesu mpo ete bokota na feti na libala ya mbula sambo, mpe yakokima kotikala na sima sima na konetwama.

Chapitre 8 "Etumbu na lifelo sima na esambiseli Monene," etalisi likolo na esambiseli na sima na bokonzi na mbula nkoto moko, lolenge nini milimo mibikisama te bakolongolama na Nkunda na Nse mpona Lifelo, ba lolenge na bitumbu oyo mikopesamela bango, mpe suka na milimo mabe mpe bitumbu na bango.

Chapitre 9 "Tina nini Nzambe na Bolingo Asengelaki kobongisa Lifelo?" elimboli bolingo mingi mpe na kosopana na Nzambe, oyo etalisama o nzela na komikaba na muana na Ye se moko. Chapitre ya suka elimboli na malamu mpona nini Nzambe oyo wa bolingo Asengelaki kosala lifelo.

Lifelo epesi mpe bino makasi mpona kososola bolingo na Nzambe oyo Alingi milimo nioso bazwa lobiko mpe basenjela kati na kondima. Lifelo esilisi na kosenga na bino bomema milimo ebele na lolenge bokokoka na nzela na lobiko.

Nzambe Atonda mawa mpe ngolu, mpe Azali mpenza Bolingo. Lelo, na motema na Tata oyo Azelaka muana na libungi ezongela Ye, Nzambe Azali mpenza kozela milimo nioso mibunga milongwa na masumu mpe mizwa lobiko.

Bongo, nakolikya ete milimo mingi o mokili mobimba mikososola mpe koyeba ete lifelo oyo ya pasi ezalaka mpenza, mpe na kala te mikozongela mpenza Nzambe. Nabondeli mpe lisusu na nkombo na Yesu Christu ete bandimi nioso kati na Nkolo bakoka komibatela na kosenjela mpe balamuka, mpe bakamba bato mingi na lolenge bakokoka, na Lola.

Geumsun Vin
Directrice ya Bureau d'edition

Table de Matiere

Preface

Kolandisama

Chapitre 1 –

Lola na Lifelo mizalaka mpenza? • 1

1. Lola na Lifelo Mizali Mpenza
2. Lisese na moto na mbongo mpe mobola Lazalo
3. Lolenge na Lola mpe Lifelo
4. Nkunda na Likolo na Paradiso
5. Nkunda na nse, bisika na kozela o nzela na Lifelo

Chapitre 2 –

Nzela na Lobiko mpona ba oyo batikala koyoka sango malamu te • 25

1. Esambiseli na motema
2. Bana batikala kobotama te mpona kolongolama to kokweisama na zemi
3. Bana banda mbotama kino mbula mitano
4. Bana kobanda mbula motoba kino liboso na bolenge moke
5. Adamu na Ewa babikisamaka?
6. Nini ekomelaka mobomi wa yambo Caina?

Chapitre 3 –

Nkunda na Nse mpe Identite na batindami na Lifelo • 57

1. Batindami na Lifelo Bamemaka baton a Nkunda na Nse
2. Bisika ya kozela na mokili ya Milimo Mabe
3. Bitumbu ya kokesana na Nkunda na Nse mpona masumu ekesana
4. Lucifer mokambi na Nkunda na Nse
5. Identite na Batindami na Lifelo

Chapitre 4 –

Etumbu na Nkunda na Nse mpona bana babikisama te • 75

1. Fetus mpe bana bakomela mabele
2. Bana mike mingi
3. Bana na mbula Ekoka mpona kotambola mpe koloba
4. Bana kobanda mbula motoba kino zomi na mibale
5. Bilenge oyo miwololaki Mosakoli Elisa

Chapitre 5 –

Bitumbu mpona ba oyo bakufi sima na bolenge moke • 93

1. Etape ya liboso na etumbu
2. Etape ya mibale na Etumbu
3. Etumbu na Falo
4. Etape ya misato na Etumbu
5. Etumbu na Ponce Pilato
6. Etumbu na Saulo Mokonzi way ambo na Yisalele
7. Etape ya minei na etumbu na Yudasi Isacariote

Chapitre 6 –

Etumbu mpona kotiola Molimo Mosantu • 137

1. Konyokwama kati na nzungu na mai kotoka
2. Komata ngomba oyo etengama
3. Kozikisama monoko na ebende na moto
4. Masini monene na kopesa minyoko
5. Kokangama na mobimbi na Nzete

Chapitre 7 –

Lobiko na tango na Monyoko monene • 167

1. Bozongi na Christu mpe konetwama
2. Mbula sambo na minyoko
3. Kobomama na tango na Pasi Monene
4. Bozongi ya mibale na Christu mpe bokonzi na mbula nkoto moko
5. Kobongama mpona kozala muasi na libala kitoko na Nkolo

Chapitre 8 –

Minyoko na Lifelo sima na esambiseli monene • 193

1. Milimo mibikisama te mikokweya kati na Lifelo sima na esambiseli
2. Libeke na moto & Libeke na sufulu kozika
3. Basusu bakotikala na Nkunda na Nse ata sima na esambiseli
4. Milimo mabe mikokangema na bisika na mozindo
5. Bisika wapi ba demona bakosuka?

Chapitre 9 –

Pona nini Nzambe na bolingo Asengelaki kobongisa Lifelo • 227

1. Kokanga motema mpe bolingo na Nzambe
2. Pona nini Nzambe wa bolingo Asengelaki kobongisa Lifelo
3. Nzambe Alingi bato nioso bazwa Lobiko
4. Bopanza Sango Malamu na kobanza banza te

Chapitre 1

Lola na Lifelo ezalaka mpenza?

1. Lola na Lifelo Mizali Mpenza
2. Lisese na moto na mbongo mpe mobola Lazalo
3. Lolenge na Lola mpe Lifelo
4. Nkunda na Likolo na Paradiso
5. Nkunda na nse, bisika na kozela o nzela na Lifelo

"*Ye azongisi liloba ete, Makambo na nkuku na Bokonzi na Likolo, bino bokoki koyoka yango, nde bango bakoki koyoka te.*"
(Matai 13:11)

"*Soko liso nay o ekoyokisa yo nsoni, longola yango, ebongi kokota na bokonzi na Nzambe na liso moko eleki nay o na malamu na kozala na miso mibale mpe kobwama kati na Geena.*"
(Malako 9:47)

Bato mingi zinga zinga na biso babangaka kufa mpe babikaka na bobangi mpe komitungisa ya kobungisa bomoi na bango. Kasi, bakolukaka mpe Nzambe te mpo ete bandimaka bomoi sima na kufa te. Lisusu, bato mingi ba oyo batatolaka kondima na bango na Christu bakokaka mpe kobika kati na kondima te. Kolandana na liboma na, bato bakobetaka tembe mpe bakondimaka ten a bomoi na bango sima na kufa te, ata soki Nzambe Asi Atalisi biso likolo na bomoi sima na kufa, lola, mpe Lifelo kati na Biblia.

Bomoi sima na kufa ezali mokili na molimo oyo emonanaka te. Bongo, bato bakokoka te kokanga yango kaka soki Nzambe Apesi bango boyebi. Lolenge ekomama kati na Biblia mbalana mbala, Lola na Lifelo mizalaka mpenza. Tala tina Nzambe Azali kotalisa Lola na Lifelo epai na bato mingi kati na mokili mpe Atiki bango basakola o mokili mobimba.

"Lola na Lifelo mizalaka mpenza."

"Lola ezali bisika malamu mpe ya kokwamwisa tango Lifelo ezali bisikamikawuka mpe ya somo oyo bokoki kobanza te. Nasensi na makasi epai na bino ete bondimela bomoi sima na kufa."

Etali kaka bino soko bokokenda na Lola to Lifelo. Mpona kokweya na Lifelo te, bosengeli kotubela na mbala moko masumu na bino nioso mpe bondimela Yesu Christu."

"Solo Lifelo ezalaka. Ezali bisika bato bazali konyokwamana moto mpona libela. Ezali mpe solo ete Lola ezali. Lola ekoki

Lifelo

kozala ndako na bino ya libela."

Nzambe na bolingo Alimbolela ngai likolo na Lola wuta mai 1984. Abanda mpe kolimbola Lifelo na mozindo wuta Mars 2000. Asenga ngai napanza oyo nayekolaki likolo na Lola mpe Lifelo na mokili mobimba mpo ete ata moko te akozwa etumbu na libeke na moto to na libeke na sufulu mikozika.

Nzambe Atalisa ngai molimo ezalaka konyokwama mpe komilela kati na Lifelo na motema pasi na Nkunda na Nse, bisika wapi baye nioso basengelaki na Lifelo bazali kozela kati na pasi. Milimo miboyaka kondimela Nkolo ata soki mabaku malamu mizalaki mingi mpona koyoka Sango Malamu, basuki kati na Lifelo sima na kufa. Elandi ezali litatoli na ye:

Nazali kotanga mikolo.
Natangi, natangi, mpe natangi kasi mizali na suka te.
Nasengelaki komeka kondimela
Yesu Christu tango balobelaka ngai likolo na Ye.
Nini nasala sik'awa?

Ezali mpenza pamba ata namileli sik'oyo.
Nalingi kokima minyoko oyo kasi nayebi
te nini esengeli na ngai kosala.

Nakotanga mokolo moko, mibale, mpe misato.
Kasi ata soki natangi lolenge oyo, nayebi ete ezali pamba.
Motema na ngai epasuki na biteni. Nini nakosala? Nini nakosala? Lolenge kani nakolongwa na pasi monene oyo? Nini

esengeli na ngai kosala, oh, molema na ngai mawa?

1. Lola na Lifelo mizalaka mpenza

Baebele 9:27 ekomi ete "Mpe lolenge moko ebongi na bato ete bakufa mbala moko mpe sima esambiseli ekoyaMibali na basi nioso basengeli kokufa na sima na mpema na bango ya suka, bakokota soko Lola to Lifelo sima na esambiseli.

Nzambe Alingi bato nioso bakota lola mpo ete Azali bolingo. Nzambe Abongisa Yesu Christu liboso na tango ebanda mpe Afungolaka ekuke na lobiko na bato tango ngonga ekokaka. Nzambe Alingi molimo moko te ekweya kati na Lifelo.

Baloma 5:7-8 elobi ete "Moto akoki kondima kokufa mpona moyengebene solo te. Kasi soki moto azali malamu mingi mosusu akoki kozala na molende mpo na kokufela ye. Nde Nzambe Amonisi bolingo na Ye mpo na biso na nzela oyo: naino ezalaki biso baton a masumu, Kristo akufelaki biso.". Kutu, Nzambe Atalisaki bolingo na Ye mpona biso na kopesa muana na Ye se moko na likinda.

Ekuke na Lobiko efungwami monene mpo ete moto nani nani akondimela Yesu Christu lokola mobikisi na ye moko akobikisama mpe akokota Lola. Kasi, bato mingi bazali na tina na Lola mpe Lifelo te ata soki bayoki likolo na yango. Lisusu, basusu kati na bango bazali konyokola ba oyo bakoteyaka Sango Malamu.

Ya mawa koleka ezali ete ba oyo bakolobaka ete bandimela Nzambe bazali naino kolinga mokili mpe bakosalaka masumu mpo ete bazali na elikya te mpona Lola mpe kobanga lifelo te.

O nzela na matatoli na batatoli mpe Biblia

Lola na Lifelo mizali na mokili ya molimo oyo ezalaka mpenza. Biblia elobeli mbala mingi bozali na Lola na Lifelo. Ba oyo bakenda Lola to Lifelo bazali mpe kotatola yango. Ndakisa, kati na Biblia, Nzambe atalisi biso boni mawa Lifelo ezali mpo ete tokoka kozwa bomoi na seko na Lola bisika ya kokweya na Lifelo sima na kufa.

Soko mpe loboko na yo ekoyokisa yo nsoni, zenga yango; kozanga loboko moko mpe kokota na bomoi ekeki malamu na kozala na maboko mibale mpe kokenda na Geena, kati na moto mokozimana te. Kuna kusu na bango ekokufa te mpe moto ekozimama te. Mpe soko lokolo nay o ekoyokisa yo nsoni, zenga yango; pamba te kozanga lokolo moko mpe kokota na bomoi eleki nay o malamu na kozala na makolo mibale mpe kobwakama na Geena. Kuna kusu na bango ekokufaka te mpe moto ekozimana te. Soko liso nay o ekoyokisa yo nsoni, longola yango. Kokota na bokonzi na Nzambe na liso moko eleki na yo malamu na kozala na miso mibale mpe kobwakama kati na Geena, esika kusu na bango ekokufa te mpe moto ekozimana te. (Malako 9:43-49).

Ba oyo bakenda Lifelo batatola oyo Biblia elobeli. Na Lifelo "Kusu na bango ekokufa te, mpe moto ekozimana te. Mpo ete moto nioso ako mungwisama na moto."

Ezali petwa lokola kulusatala ete ezali na Lola mpe na Lifelo sima na kufa lolenge ekomama kati na Biblia. Bongo, bokolinga kokota na Lola na kobika kolandana na Liloba na Nzambe, na kondimaka na bozali na Lola na Lifelo kati na makanisi na bino.

Bosengeli te komilela lokola molimo oyo elimbolamaki na likolo oyo ezalikonyokwama na suka ten a Nkunda mpo ete aboyaka kondimela Nkolo ata soki ba nzela mingi epesamelaki ye koyoka Sango Malamu.

Na Yoanne 14:11 12, Yesu Alobeli biso ete "Bondimela ngai ete ngai nazali kati na Tata mpe Tata kati na ngai. Soko bongo te, bondimela ngai mpo na misala. Solo solo nazali koloba na bino ete, ye oyo ankondimaka ngai misala mizali ngai kosala, akosala yango mpe lokola, mpe akosala yango ekoleka oyo mpo ete nakokenda epai na Tata."

Boboki koyeba moto songolo ete azali mosali na Nzambe tango misala na nguya miye milekelaka makoki na bato mikolandaka ye, mpe bokoki mpe kotalisa ete mateya ma ye mikokani na Liloba solo na Nzambe.

Nasakola Yesu Christu, nakotalisaka misala na nguya na Nzambe na bomoi tango nasalaka ba croisade na mokili mobimba. Tango nabondelaka na nkombo na Yesu Christu, bato mingi bandimaka mpe bazwaka Lobiko mpona misala na nkamwa na nguya misalemaka: bamonaka te bamona, balobaka te baloba, bakakatani batelema, bakufi basekwa, mpe bongo na bongo.

Na lolenge oyo, Nzambe Atalisa misala ma Ye na nguya na nzela na ngai. Alimbola mpe Lola na Lifelo na mozindo mpe Andima nasakola yango na mokili mobimba mpo ete bato mingi na koleka bakoka kobika.

Lelo bato mingi balingaka koyeba likolo na bomoi sima na kufa- mokili na molimo- kasi ekoki te koyeba mokili na molimo na malamu kaka na makasi na bomoto. Bokoki koyekola likolo na yango na eteni kati na Biblia. Kasi, bokoki koyeba yango malamu mingi kaka soki Nzambe Alimboleli bino tango botondisami na Molimo Mosantu oyo Alukaka makambo nioso, ata mozindo na makambo na Nzambe (1 Bakolinti 2:10).

Nakolikia ete bokondimela mpenza limbola na ngai na Lifelo elandisama na makomi kati na Biblia mpo ete Nzambe ye moko Alimbolela ngai yango tango nazalaki na kotondisama na Molimo.

Pona nini kotatola esambiseli na Nzambe mpe etumbu na Lifelo

Tango nakoteya mateya na Lifelo, ba oyo bazali na kondima bakotondisama na Molimo Mosantu mpe bakoyoka yango na kobanga moko te. Kasi, ezali na ba oyo bakomaka na kobanga na elongi mpe ezongiseli na bango na kondima lokola "Amen" to "Iyo" moke moke ekobanda kolemba kati na mateya. Na mabe koleka, bato na kondima elemba bakotika koyangana na egelesia to ata kolongwa na egelesia na kobanga, bisika ya kondimisa kondima na bango na elikya na kokota Lola.

Ata bongo, nasengeli na kolimbola Lifelo mpo ete nayebi motema na Nzambe. Nzambe Amitungisaka mingi mpona bato oyo bazali kokenda o nzela na lifelo, babikaka naino na molili,mpe bakosanganaka na lolenge na kobika na mokili ata soki basusu kati na bango bakotatolaka ete bandimela Yesu Christu.

Bongo, nakokenda na kolimbola Lifelo na mozindo mpo ete bana na Nzambe bakoka kobika kati na Pole, nakoboyaka molili. Nzambe Alingi bana na Ye batubela mpe bakota Lola ata soki bakoki kozala na bobangi to koyoka nkaka tango bayoki likolo na esambiseli na Nzambe mpe etumbu na Lifelo.

2. Lisese na moto mozwi mpe mobola Lazalo

Na Luka 16:19-31 moto mozwi na mobola Lazalo bakendeke na Nkunda sima na kufa. Bisika na condition na kozala na esika na esika moko na moko akendeke ezalaki mpenza na bokeseni.

Moto mozwi azalaki namitungisi makasi na moto tango Lazalo azalaki na bisika na Abalayama koleka libulu monene ekaboli bango. Tina?

Na ekeke na boyokani na Kala, esambiseli na Nzambe ezalaki kokatelama kolandana na Mobeko na Mose. Na loboko mosusu, moto mozwi azwaka etumbu na moto mpo ete andimelaka Nzambe te, ata soki abikaka na kati na bozwi monene na mokili oyo. Na loboko mosusu, mobola Lazalo akokaki kosepela kopema na seko mpo ete andimelaka Nzambe ata soki azipamaka na ba mpota, mpe alikyaka kolia miye mizalaka kokweya na mesa na moto mozwi.

Bomoi sima na kufa epesamaka na ekateli na Nzambe

Kati na boyokani na kala, tomoni ba tata na biso na kondima elongo na Yacobo mpe Yobo kolobaka ete bakokita na Nkunda sima na kufa na bango (Genese 37:35; Yobo 7:9). Kore na bato na ye nioso ba oyo batelemelaka Mose bakitaka na bomoina Nkuda, na nkanda na Nzambe (Mituya 16:33). Boyokani na sika mpe elobeli "Shĕol" na "Lifelo." Mpe Nkunda ekabolami na biteni mibale: Nkunda na likolo oyo ezali ya Lola mpe Nkunda na nse oyo ezalaka ya Lifelo.

Bongo boyebi ete ba tata na kondima lokola Yacobo to Yobo mpe mobola Lazalo bakendeke na Nkunda na likolo oyo ezali ya Lola tango Kora na moto mozwi bakenda na Nkunda na nse oyo ezali ya Lifelo.

Lolenge moko, ezali solo na bompoi sima na kufa mpe bato nioso basengeli kokende Lola to Lifelo kolandana na esambiseli na Nzambe. Nasengi na bino mpenza bondimela Nzambe mpo ete bobika na Lifelo.

3. Lolenge na structure na Lola mpe Lifelo.

Biblia esaleli maloba mingi na kolobelaka lola to Lifelo. Na solo, bokomona ete Lola na Lifelo ezali bisika moko te.

Na maloba mosusu, lola etalisami lokola "Nkunda na likolo", "Paradiso," to Yelusalema ya sika." Yango ezali mpo ete Lola, bisika na kobika na milimo mibikisami, ekabolami na bisika ebele.

Lolenge nalimbola na mateya "Bitape kati na kondima" mpe "CielI na Ciel II," bokoki kobika penepene na Ngwende na Nzambe na Yelusalema ya Sika na lolenge bozongeli elilingi na

Lola na Lifelo mizalaka mpenza?

Nzambe bobungisa. Boye, bokoki kokota na bokonzi na misato na Lola, ya mibale na Lola, to ya liboso na Lola kolandana na bitape kati na kondima na bino. Bisika mpona milimo mibikisama te to milimo mabe mibengama mpe Nkunda na nse," "Libeke na moto." "Libeke na sufulu kotumbama," to "Abime (Libilu ezanga suka)." Kaka lolenge Lola ekabolama na biteni ebele mpo ete bisika na molimo moko na moko ekesene kolandana na etape na makambo mabe basala na mokili oyo.

Triangle (top-down):
- Yelusalema ya sika
- Bokonzi ya misato
- Bokonzi ya mibale
- Bokonzi ya liboso
- Paradiso
- Nkunda na Likolo
- Libulu

Triangle (inverted):
- Nkunda na Nse
- Libeke na Moto
- Libeke na Sufulu Kopela Moto
- Lubulu mozindo (Libulu ezanga suka)

Lolenge na structure na Lola mpe Lifelo

Bokanisa lolenge na libanga na Diamant mpona bososoli malamu na lolenge na Lola mpe Lifelo. Soki libanga ekabolami na katikati ekozala na triangle likolo na nse. Toloba été été eteni ya likolo etalisi Lola mpe oyo na nse etalisi Lifelo.

Bisika etombwama koleka na triangle na eteni ya likolo etalisi Yelusalema ya Sika tango bisika ya nse koleka etalisi Nkunda na Likolo. Na lolenge mosusu, likolo na Nkunda na likolo ezali na Paradiso, Bokonzi ya liboso na Lola, Bokonzi ya mibale, Bokonzi ya misato, mpe Yelusalema ya sika. Kasi, bosengeli te kokanisa

Lifelo

na Bokonzi ebele mikesana lokola, Bokonzi ya liboso, mibale, misato lolenge na etage na building na mokili oyo. Na mokili ya molimo, ekoki te na kokata mondelo mpona kokabola mabele lolenge bosalaka awa na mokili oyo mpe kolobela lolenge na yango. Nalimboli yango kaka na lolenge oyo mpona kotika bato na mosuni basosola Lola na Lifelo malamu mingi.

Na triagle ya likolo, songe na yango ekokani na Yelusalema ya sika tango bisika eleka na nse na yango ezali Nkunda na Likolo. Na maloba mosusu na komata triangle, Bokonzi malamu koleka na Lola bokomona.

Na elilingi mosusu, triangle ya eteni na nse, bisika ya likolo koleka etalisi Nkunda ya nse. Na lolenge bokopusana na nse, bokopusana na mozindo na Lifelo; Nkunda ya nse, libeke na moto, libeke na moto na sufulu, mpe bisika na mozindo. Bisika na mozindo elobelama na buku na Luka mpe Emoniseli elobeli bisika na mozindo koleka na Lifelo.

Na triangle ya likolo, bisika ekomaka moke tango tango bozali komata banda na nse kino likolo+ koband Paradiso kino Yelusalema ya Sika. Lolenge na yango etalisi bino ete bato bakokota Yelusalema ya Sika ezali mpenza moke na kotala bato bakokota Paradiso, Bokonzi liboso to ya mibale na Lola. Ezali ete kaka ba oyo bakokisi kobulisama mpe kokokisama na nzela na kobulisama na mitema na bango, nakolandaka motema na Nzambe Tata, bakoki kokota Yelusalema ya sika.

Lolenge bokoki komona na triangle ya nse bato moke bakokota na bisika na nse na lifelo mpo kaka ba oyo mitema na

Lola na Lifelo mizalaka mpenza?

bango mitekama mpe ba oyo basalaki mabe koleka bakobwaka na bisika wana. Ebele na bato oyo basalaki mabe moke nde bakokota na bisika monene na likolo na Lifelo.

Bongo, Lola mpe Lifelo mokoki kokanisama na elembo na Diamant. Kasi, bosengeli te kokata ete Lola ezali na lolenge na triangle to Lifelo ezali na lolenge na triangle etalisama na nse.

Libulu monene kati na Lola mpe Lifelo

Ezali na libulu monene kati na triangle ya likolo -Lola- na oyo ebalolama na nse-Lifelo. Lola na Lifelo mitalana te Kasi mikabolama na mosika bokoki kobanza te.

Nzambe Atia mondelo malamu na lolenge oyo mpo ete milimo na Lola mpe na Lifelo bakoka te kobembuka na koya mpe kozonga na Lola mpe Lifelo. Kaka na likambo ya koikesana oyo epesami na Nzambe, ekoki kosalema na komonana mpe kososola lolenge mozwi na Abalayama basalaki.

Kati na ba triangle oyo mibale, ezali na libulu monene. Bato bakoki te koya mpe kozonga wuta Lola mpe Lifelo. Kasi, soki Nzambe Apesi nzela, bato na Lola mpe Lifelo bakoki komona, koyoka, mpe kosolola na molimo na kotalaka mosika te.

Tango mosusu bokoki kososola yango na pete soki bokobanza lolenge kani tokoki kososola na bato na eteni mosusu na mokili na telephone to ata kosolola elongi na elongi na ecran o nzela na satelite na kolanda komata mpe kokola na science mpe technologie.

Ata soki ezali na libulu monene kati na Lola mpe Lifelo,

mozwi akokaki komona Lazalo kopema na bisika na Abalayama mpe asolola na Abalayama na molimo na nzela na Nzambe.

4. Nkunda ya Likolo mpe Paradiso

Mpona bolimboli malamu, nkunda na likolo ezali eteni na Lola te kasi ekoki kotalama lokola ya Lola na tango Nkunda na nse ezali eteni na Lifelo. Tina na Nkunda ya Likolo kobanda boyokani na Kala kino ya Sika ebongolama.

Nkunda ya Likolo na ekeke ya Boyokani ya Kala.

Na tango ya boyokani ya kala, milimo mibikisama mizalaki kozela na Nkunda na Likolo. Abalayama, tata na bandimela, azwaki bokambi na Nkunda ya Likolo nde yango tala tina Biblia ebengi yango bisika na Abalayama.

Kasi, wuta lisekwa mpe konetwama na Nkolo Yesu Christu, milimo mibikisama mizali lisusu te na bisika na Abalayama kasi mitindama na Paradiso mpe bazali na bisika na Nkolo. Yango tina na Luka 23:43, Yesu Alobi ete, "Solo nalobi na yo ete, lelo okozala na ngai na Paradiso" Na moko na miyibi oyo atubelaki mpe ayambaki Yesu lokola Mobikisi na ye na tango Yesu Abakamaka na ekulusu.

Bongo Yesu Akendaka na Paradiso mbala moko sima na kobakama na Ye? 1 Petelo elobeli biso ete "Mpo ete Christu akufaki mpona masumu mbala moko mpona libela, Ye moyengebene mpona bakeseni, mpo ete Akoka komema biso na Nzambe. Abomamaki solo na nzoto na Ye kasi Azalisami na bomoi na molimo na Ye. Na yango mpe Akendaki kosakola milimo mikangami." Na makomi oyo, bokoki komona ete Yesu Ateyaka Sango Malamu na milimo nioso misengelaka kobika mizalaka kozela na Nkunda ya Likolo. Nakolobela yango na mozindo na Chapitre 2.

Yesu, oyo Ateyaka Sango Malamu mpona mikolo misato na Nkunda ya likolo, Amemaka milimo misengelaki kobika na Paradiso tango Asekwaka mpe Anetwamaka na Lola. Lelo, Yesu Azali kobongisa bisika mpona biso na Lola lolenge Alobaka, "Nakeyi kobongisela bino esika" (Yoane 14:2).

Paradiso na ekeke na Boyokani ya sika

Milimo mibikisama mizali lisusu na Nkunda na Likolo te sima na Yesu kofungola na monene ekuke na Lobiko. Bazalaka na bisika mosika na Paradiso, bisika na kozela na Lola kino suka na koleka na bato na mokili oyo. Bongo, na sima na esambiseli na Ngwende monene ya Pembe, moko moko kati na bango akokota na bisika na ye moko na Lola kolandana na etape kati na kondima na moko mpe bakobika seko kuna.

Milimo nioso mibikisama mizali kozela na Paradiso na ekeke na Boyokani ya Sika. Bato misus bakoki komituna soki ekoki mpona bato mingi boye bakoki kobika na Paradiso mpo ete bato mingi babotama wuta Adamu. "Pasteur Lee! Lolenge kani ekoki kosalema mpona bato mingi boye babika na Paradiso? Nazali kobanga ete bisika ekoka te mpona bato mingi boye ata soki ezali monene."

System solaire bisika mokili oyo ezwami ezali lititi moke na kotalisama na systeme galactique. Bokoki kobanza boni monene systeme galactique ezali? Kasi, Systeme galactike mpe ezali lititi moke kotalisama na Univer mobimba. Bokoki sik'awa kokanisa boni monene univer mobimba ezali?

Na kobakisa, univer monene bisika wapi tozali kobika ezali kaka moko kati na ba ebele mizanga suka, mpe monene nab a univer nioso ezali mosika na mabanzo na biso. Bongo, soki ekoki te pona bino kobanza bonene ya univer phisique oyo tomonaka, lolenge nini bokoki kobanza monene na Lola na mokili na molimo?

Paradiso yango moko ezali monene koleka mabanzo. Ezali na mosika oyo ekoki kopimama te kobanda bisika ya penepene koleka na bokonzi na liboso na frontier ya paradise. Bokoki kokanisa monene nini Paradiso yango moko ezali?

Milimo mizwaka boyebi ya Molimo na Paradiso

Ata soki Paradiso ezali bisika ya kozela o nzela na Lola, ezali bisika moke to ya kolembisa. Ezali mpenza kitoko na kokokana na bisika moko ya kitoko koleka na mokili oyo te.

Milimo mizali kozela na Paradiso mizwaka boyebi na molimo epai na basakoli. Bayekolaka likolo na Nzambe mpe Lola, mibeko na molimo, mpe makambo misusu na motuya na boyebi na molimo. Ezali na suka te na boyebi na molimo. Kotanga kuna ekeseni mpenza na oyo na mokili oyo. Ezali pasi to molembisa te. Na mingi bazali koyekola mingi na ngolu na esengo bazali kozwa.

Ba oyo bazali petwa mpe na bolamu na mitema na bango bakoki kozwa ebele na boyebi na molimo o nzela na lisolo na Nzambe ata na mokili oyo. Boki mpe kososola mingi na lisungi na Molimo Mosantu tango bokomona makambo na miso na bino na Molimo. Bokoki komona nguya na molimo na Nzambe ata na mokili oyo mpo ete bokoki kososola mibeko na molimo na kondima mpe eyano na Nzambe na mabondeli na bino na lolenge oyo bokokata ngenga na mitema na bino.

Esengo nini mpe sai nini bozalaka na yango na tango bokoyekolaka makambo na molimo mpe bokomona yango na mokili oyo? Bokanisa esengo nini mpe sai koleka nini bokozala na yango tango bokozwa mozindo na boyebi na Paradiso oyo ezali na Lola.

Bisika wapi basakoli wana babikaka? Babikaka na Paradiso? Soko te. Milimo mindimami kokota na Yelusalema ya Sika mizali kozela na Paradiso te kasi na Yelusalema ya sika, na kosungaka Nzambe na Misala na Ye kuna.

Abalayama azalaka mokambi na Nkunda na Likolo liboso na Yesu kobakama na ekulusu. Kasi, na sima na lisekwa mpe konetwama na Yesu, Abalayama Akenda na Yelusalema ya sika mpo ete asilisaka mosala na ye na Nkunda na Likolo. Bongo, bisika wapi Mose na Eliya bazalaka na tango Abalayama azalaka na Nkunda na Likolo? Bazalaka na Paradiso te kasi bazalaka déjà na Yelusalema ya sika mpo ete bandimamaka kokota na Yelusalema ya sika (Matai 17:1-3).

Nkunda na Likolo na Boyokani na Sika

.Bokoki komona film bisika wapi molimo na moto oyo ekokani na nzoto na ye moko ekabwanaka na nzoto na ye sima na kufa mpe ekolanda soko banje na Lola to batindami na Lifelo.

LIFELO

Solo, molimo ebikisama ekambemaka na Lola epai na banje mibale na bila,mba na pembe sima na molema na ye ekabolama na nzoto na ye natango akufi. Oyo ayebi to ayekoli yango akomitungisa te ata na tango molema na ye ekokabolama na nzoto na ye na tango akokufa. Ye oyo ayebi yango te soko moke te, nde, akokawma makasi na komona moto mosusu lolenge moko na kokokana na ye moko, akabolami na nzoto na ye.

Molema ekabolami na nzoto na lolenge oyo bokoyoka mpenza lokola kokamwa na nkele na ebandeli. Lolenge oyo ekeseni mpenza na lolenge ya kala mpo ete ezali kokutana na mbongwana monene, ebikaka na mokili ya dimension misato mpe sik'awa na oyo ya minei.

Molema ekabwana eyokaka kilo na nzoto te mpe ekoki komekama na koyenga yenga zinga zinga mpo ete nzoto ekoyoka pepele mingi. Tala ntina ezalaka na bosenga na mwa tango mpo na komesana na mokili na molimo. Bongo, milimo mibikisama na Boyokani na Sika bapemaka tango moko na Nkunda na LIkolo mpona komesana na mokili na molimo liboso na bango kokota Paradiso.

5. Nkunda na nse bisika na kozela na nzela na Lifelo

Bisika na likolo koleka na Lifelo ezali Nkunda na nse.Na lolenge moto akokita kati na Lifelo, ezali na libeke na moto, libeke na sufulu kozika, mpe libulu monene, bisika na nse koleka kati na Lifelo. Milimo mibikisama te wuta ebandeli na tango mizali naino na Lifelo te kasi mizali na Nkunda na Nse.

Bato mingi balobaka ete bazala na Lifelo. Nakoki koloba ete

bamonaka makambo na minyoko kati na Nkunda na Nse. Ezali mpo ete milimo mibikisama te mikangema na bisika mikeseni kati na Nkunda na Nse kolandana na monene na masumu na mabe oyo basalaka mpe suka, bakobwakama kati na ebale na moto to na sufulu ezali kozika sima na esambiseli na Ngwende Monene ya Pembe.

Minyoko na milimo mibikisama te na Nkunda na Nse

Na Luka 16:24, minyoko mipesamaki na mozwi azangaka lobiko na Nkunda na nse elimbolelami malamu. Na pasi na ye, mozwi asengaka litanga na mai, nakoloba ete,"Tata AbalayamaYokela ngai mawa! Tinda Lasalo ete atia songe na lisapi na ye na mai mpe amama lolemo na ngai mpo été nazali na pasi mingi na moto oyo.

Lolenge nini milimo mikoka kobanga te mpe milenga te na kotangisa na makila na somo mpo été bazali kati na konganga na pasi na bato misuse kati na moto makasi ata na elikya moko te na kufa kati na lifelo, bisika nkusu mikokufaka te, mpe moto ezimamaka te?

Batindami na Lifelo na brutalite bazali konyokola milimo na molimo tuu, na Nkunda na Nse. Bisika nioso mizingami na makila mpe solo mabe makasi na ba nzoto mizali kopola, nde ezali pasi mingi ata mpona kopema. Kasi, etumbu na Lifelo ekoki te kokokana oyo na Nkunda na Nse.

Kobanda chapitre na 3 kino na nse, nakolobela na ba ndakisa ekoka bisika na nsomo na lolenge nini Nkunda na Nse ezali mpe etumbu ya lolenge nini oyo moto akoki kokanga te ekopesama kati na libeke na moto mpe libeke na sufulu mikozikaka.

Milimo mibikisama te mikomilela mpenza na Nkunda na Nse

Na Luka 16:27-30, mozwi andimaka na bozali na Lifelo te kasi ayaka kososola bozoba na ye mpe ayokaki mabe kati na moto sima na liwa na ye. Mozwi abondelaki Abalayama ete atinda Lazalo epai na bandeko na ye ya mibali mpo ete baya na Lifelo te.

"Na bongo,Tata, nalombi na yo otinda ye kuna na na ndako na tata na ngai, mpo ete nazali na bandeko babali mitano, ete atatola na bango, boye bango mpe baya awa na esika oyo na mpasi te." Abalayama nde alobi ete, Bazali na mikanda na Mose mpe na basakoli, tika bayoka bango. Nde alobaki ete, Te! Tata Abalayama, kasi soko moto moko akolongwa na bakufi kokende epai na bango, bakobongola mitema!"

Eloko nini moto mozwi akoloba na bandeko na ye soki azwaka nzela ya kolobela bango ye moko? Akolobela mpenza bango ete nayebi malamu ete Lifelo ezali. Na bolimbisi, boyeba ete bosengeli kobika kolandana na Liloba na Nzambe mpe boya na Lifelo te mpo ete Lifelo ezali esika na somo mpe pasi.

Ata na pasi monene ezanga suka, mozwi alingaki mpenza kobikisa bandeko na ye mibali na koya na Lifelo, mpe ezali na tembe te ete azalaka na motema malamu. Bongo, boni mpo na baton a Lelo?

Mokolo moko Nzambe Atalisaka ngai babalani bakotungisama na Lifelo mpo ete babwakisaka Nzambe mpe balongwaka na ndako na Nzambe. Na Lifelo, bamifundaka, komilakela mabe, koyinana, mpe balingaki kutu pasi mingi ekweela mosusu.

Mozwi alingaka bandeko na ye ya mibali babika mpo ete azalaka na (bisika moko) motema malamu. Nde, bosengeli koyeba ata bongo mozwi abwakamaka na Lifelo. Bosengeli mpe koyeba ete bokoki te kozwa Lobiko kaka na kolobaka ete "nandimeli."

Moto asengeli kokufa mpe Akokende soko na Lola to na Lifelo sima na kufa. Bongo, bosengeli kozala bazoba te kasi bokoma bandimi ya solo.

Moto na mayele amilengelaka mpona bomoi sima na kufa

Bato na bwanya bamibongisaka mpenza mpona bomoi na sima na kufa tango bato mingi basalaka makasi mingi mpona kozwa mpe kotonga lokumu, nguya, bozwi, bofuluki, kowumela na mokili oyo. Bato na bwanya bakotondisaka bozwi na bango na Lola elongo na Liloba na Nzambe mpo ete bayebi nioso malamu ete bakoki komema eloko moko te na lilita na bango.

Bosengeli koyeba matatoli nab a oyo bakoki te komona ba ndako na bango moko na Lola tango bakendeki kotala kuna ata soki bandimelaki Nzambe mpe babikaki ba bomoi kati na Christu. Bokoki kozala na nab a ndako minene mpe kitoko na Lola soki botondisi noki noki bozwi na bino na Lola tango bozali kobika lokola bana motuya na Nzambe na mokili oyo!

Bopambolama mpenza mpe na bwanya mpo ete bozali kobunda mpona kozala mpe kobatela kondima na solo mpona

Lifelo

kokota Lola kitoko mpe mpo ete bozali noki noki kotondisa mafuti na bino na Lola, nakomibongisaka lokola basi na libala na Nkolo oyo kala te Asengeli kozonga.

Tango moto asi akufi, akoka lisusu kobika bomoi na ye te. Bongo, bozala na kondima mpe boyeba ete ezali na Lola mpe Lifelo. Na kobakisa, nakoyeba ete milimo mibika te mizali na minyoko makasi na Lifelo, bosengeli kosakola Lola na Lifelo na moto nioso bokokutana na ye. Bokanisa lolenge nini Nzambe Akosepela na bino!

Ba oyo bakotatola bolingo na Nzambe, oyo Alingi kokamba bato nioso na nzela na Lobiko, bakopambolama na bomoi oyo mpe bakonganga lokola moi na Lola mpe lokola.

Nakolikya ete bokondimela Nzambe na bomoi oyo Asambisaka mpe Afutakabino, mpe bomeka kokoma bana ya solo na Nzambe. Nabondeli na nkombo na Nkolo ete bokozongisa bato mingi na lolenge esengeli epai na Nzambe mpe na Lobiko, mpe bosepela mingi kati na Nzambe.

Chapitre 2

Nzela na lobiko mpona ba oyo batikala koyoka Sango Malamu te

1. Esambiseli na motema
2. Bana batikala kobotama te mpona kolongolama to kokweisama na zemi
3. Bana banda mbotama kino mbula mitano
4. Bana kobanda mbula motoba kino liboso na bolenge moke
5. Adamu na Ewa babikisamaka?
6. Nini ekomelaka mobomi wa yambo Caina?

...ngo baoyo bazangi mibeko, awa ezali bango kosala ...ambo na Mibeko (ata bazangi mibeko mpenza) bazali ... mibeko kati na bango moko. Bazali komonisa polele ete makambo malaki Mibeko makomami na mitema na bango. Lisosoli na mitema na bango ekotatolaka, makanisi na bango ndenge na ndenge makolobela mpe bango mpona kokitisa bango soko kolongisa bango." Baloma 2:14-15)

"Bongo Yawe Alobelaki ye ete, Na bongo moto oyo akoboma Kaina, likambo ekoweela ye mbala sambo. Mpe Yawe atiaki elembo na Kaina ete soko moto amoni ye aboma ye te." (Genese 4:15)

Nzambe Atalisaki bolingo na Ye mpona bison a kopesaka muana na Ye se moko na likinda Yesu Christu Abakama na ekulusu mpona lobiko na bato nioso.

Baboti balingaka bana na bango mike kasi baligaka bana na bango bakoma mikolo na kokoka mpona kososola mitema na bango mpe kokabola esengo mpe pasi na bango elongo.

Na boye, Nzambe Alingi bato nioso babikisama. Lisusu, Nzambe Alingi bana na ye bakoma mikolo na kokoka kati na kondima mpona koyeba motema na Nzambe Tata mpe bakabola bolingo na mozindo na Ye. Tala ntina ntoma Polo akomaki na Timote 2:4 ete Nzambe Alingi bato nioso babika mpe bakoma na boyebi na solo.

Bosengeli koyeba ete Nzambe atalisa Lifelo mpe mokili na molimo na mozindo mpo ete Nzambe na bolingo na Ye Alingi bato nioso bazwa Lobiko mpe bakoma mpenza na kondima ekomela.

Na chapitre oyo nakolimbola na mozindo soki ekoki mpona ba oyo bakufaka na koyebaka Yesu Christu te babikisama.

1. Esambiseli na motema

Bato mingi ba oyo bandimelaka Nzambe te bandimaka ata bozali na Lola na Lifelo, kasi bakoka te kokota na Lola kaka mpo ete bandimaka Lola na Lifelo.

Lolenge Yesu Alobeli bison a Yoane 14:6, "Nazali nzela, solo,mpe bomoi; moko te ayaka epai na Tata kaka o nzela na Ngai,"Bokoki kobika mpe bokota na Lola kaka na nzela na Yesu Christu.

Lolenge nini sik'oyo bokoki kobika? Ntoma Polo na Baloma

10:9-10 atalisi biso nzela mpona lobiko na solo:

"Soko okoyambola na bibebo na yo ete Yesu azali Nkolo mpe soko okondima na motema na yo ete Yesu Azali Nkolo mpe soko okondima na motema na yo ete Nzambe Asekwisa Ye na bakufi, okobika. Pamba te kondima ekokomisa moto na boyengebene ezali na motema, mpe eyambweli ekokomisa moto na lobiko ezali na bibebu."

Sik'awa tika toloba ete ezali na bato oyo bayebi Yesu Christu te. Mpona bongo, bakotatola te ete, "Yesu Azali Nkolo." To bakondimela Yesu Christu na mitema na bango te. Bongo ezali solo ete bango nioso bakoki kobika te?

Ebele na bato babika liboso na koya na Yesu na mokili oyo. Ata na ekeke na Boyokani na Sika, ezali na bato bakufa ata na koyokaka Sango Malamu te. Bongo bato wana bakoki kobikisama?

Bisika nini ba oyo bakufa na bolenge nde bazala na makoki ya kososola bondimi te Boni mpona bana oyo babotamaka te ba oyo bakufa na kobakola zemi to kosopa zemi? Basengeli kokende kak na Lifelo mpo ete bandimelaki Yesu Christu te? Te, bakenda te.

Nzambe na bolingo Afungola nzela na lobiko mpona moto nioso na bosembo na Ye o nzela na "esambiseli na motema. "

Ba oyo baluka Nzambe mpe babika na motema malamu

Baloma 1:20 esakoli ete "Mpo longwa na ntango wana ezalisaki Ye mokili, makambo ma Ye mazangi komonana, yango nguya na Ye na seko mpe BoNzambe na Ye, Asili koyebisa yango polele epai na makanisi na bato kati na misala na Ye Bongo bamemi ngambo." Tala ntina bato na mitema malamu bandimelaka bozali na Nzambe na komonaka oyo Asalaki.

Mosakoli 3:11 elobeli biso ete Nzambe Atia seko na mitema na bato. Nde bato malamu bakolukaka Nzambe na lolenge na bango mpe na moke kati na bango bakondimela bomoi sima na kufa. Bato malamu babangaka mapata mpe bamekaka kobika bomoi malamu mpe na sembo ata soki bakokakaka koyoka Sango Malamu te. Bongo, babikaka kolandana na mokano na ba nzambe na bango kino bisika moko boye. Soki bayokaka kaka Sango Malamu, bakokaki solo kondimela Nkolo mpe kokota Lola.

Mpona Yango, Nzambe Andimaka ete milimo malamu babika na Nkunda Likolo na nzela na kokamba bango na Lola kino Yesu Akufaka na ekulusu. Simana kobakama na Yesu o ekulusu, Nzambe Amema bango na Lobiko na nzela na makila ma Yesu na komemabango na koyoka Sango Malamu.

Koyoka Sango Malamu na Nkunda na Likolo

.Biblia elobeli biso ete Yesu Asakolaki Sango Malamu na Nkunda na Likolo sima na Ye kokufa na ekulusu.

Lolenge 1 Petelo etalisi ete "Mpo ete Christu Akufaki mpona masumu mbala moko mpo na libela, ye moyengebeni mpo na bakeseni, ete Abelemisa bison a Nzambe. Abomamaki solo na nzoto na ye mpe azalisami na bomoi na molimo.Na yango mpe Akendaki kosakola milimo kati na boloko."

Yesu ateyaka Sango Malamu na milimo na Nkunda Likolo mpo ete bakoka kobika o nzela na makila ma Ye mpe lokola.

Na koyoka Sango Malamu, bato oyo bayoka yango ten a bomoi na bango u malamu ya koyeba nani Yesu Christu Azalaki mpe babikisamaka.

Nzambe Apesa kombo mosusu te kaka Yesu Christu mpona komema baton a Lobiko (Misala 4:12). Ata na tango na tango na Boyokani ya Sika, ba oyo bazwa libaku malamu te ya koyoka Sango Malamu babikisama o nzela na ekateli na motema. Bakobika na nkunda na likolo mikolo misato mpona koyoka Sango Malamu nde sima bakokota Lola.

Bato na mitema mbindo balukaka Nzambe te mpe babikaka na masumu, na komitika nab a posa na bango moko. Bakondimela Sango Malamu te ata soki bayoki yango. Sima na kufa, bakotindama na Nkunda na Nse kobika na etumbu mpe suka kokweya na Lifelo sima na esambiseli na Ngwende monene ya Pembe.

Esambiseli na Motema

Ekoki ten a moto akoka kosambisa motema na moto malamu mpo ete moto pamba akoka te kotanga mitema na basusu malamu. Kasi, Nzambe na nguya nioso Akoki kososola motema na moto nioso mpe kokatela malamu.

Baloma 2:14-15 elimboli esambiseli na motema. Bato malamu bayebaka nini ezali malamu to mabe mpo ete mitema na bango etindi bango bayeba bosenga na Mobeko.

"Mpo ete bapagano ba oyo bazali na Mobeko te, Awa ezali bango kosalaka makambo na mibeko (ata bazangi Mibeko mpenza) bazali na mibeko kati na bango moko. Bazali komonisa polele ete makambo malaki mibeko makomami na mitema na bango. Lisosoli na mitema na bango ekotatolaka, makanisi na bangondenge na ndenge makolobela mpe bango mpo na kokitisa bango soko kolongisa bango."

Bongo, bato malamu balandaka lolenge na mabe te kasi balandaka lolenge na malamu na bomoi na bango. Bongo, kolandana na esambiseli na motema, bakobika na Nkunda na Likolo mpona mikolo misato, bisika wapi bakoyoka Sango Malamu mpe bakobikisama.

Bokoki kotanga Amiral Soonjin Lee* lokola ndakisa na oyo abika na bolamu na motema na ye malamu (* Mobimisi na buku akomi ete: Amiral Lee azalaka mokonzi na mapinga na mai mpona Dynastie Chosan na Koree na 16em siècle). Amiral Lee abikaka na solo ata soki ayebaka Yesu Christu te. Azalaka tango nioso sembo na mokonzi na ye, ekolo na ye, mpe bato oyo azalaka kobatela. Azalaka malamu mpe sembo na baboti na ye mpe alingaka bandeko na ye. Atikala kotia lifuti na ye moko liboso na oyo na basusu te, aluka lokumu te, mpifo, to bozwi. Asalelaka kaka mpe amikabaka mbeka mpona bandeko na ye mpe bato.

Bokokaki te komona elembo moko na mabe kati na ye. Amiral Lee atindamaka na exil na komitelemela te to na mposa na kozongisela bayini na ye mabe tango afundamaki na likambo asala te. Asilikelaki mokonzi te, oyo atindaka ye na exile, apesaka ye mitindo na kobunda na mabele na etumba. Kasi, apesaka mokonzi matondi na motema na ye mobimba, abongisaki lisusu mapinga mpe abundaki na etumba na likama na bomoi na ye moko. Lisusu, abongisaka tango na kobondela na nzambe na Ye na mabolongo ma ye mpo ete andimaka bozali ma ye. Bongo mpona nini Nzambe Akamba ye na Lola te?

Ba oyo balongolami na esambiseli na motema

Ezali na bato oyo bayoka Sango Malamu kasi bandimelaki Nzambe te bakoki kokota na esambiseli na motema? Bandeko na bino bakokaki te kozala na esambiseli na motema soki bandimelaki Sango Malamu te ata na sima na koyoka yango epai na bino. Esengeli na bango babikisama te soki babwakisaki Sango Malamu ata soki bazalaka na ba mabaku malamu mingi na koyoka yango.

Kasi, bosengeli kosakola Sango Malamu na molende mpo ete ata bato bazalaka mpenza mabe mpona kokenda Lifelo, bokopesa bango nzela na kozala na mabaku mingi mpona kozwa lobiko o nzela na mosala na bino.

Muana na Nzambe nioso azali na niongo na Sango Malamu mpe esengeli na ye asakola yango. Nzambe Akotuna bino motuna na mokolo na esambiseli soki botikala kosakola Sango Malamu ten a libota na bino, kosangisa baboti na bino, bandeko, mpe bandeko na libota, mpe bongo na bongo. "Mpona nini boteyaka baboti na bino Sango Malamu te to bandeko mibali?" "Mpona nini boteyaka bana na bino te?" "Mpona nin boteyaka baninga na bino te?" mpe bongo na bongo.

Bongo, bosengeli koteya Sango Malamu na baton a moi mpe na butu soki bososola solo bolingo na Nzambe oyo Apesa ata Muana na Ye na likinda, mpe soko boyebi mpenza bolingo na Nkolo oyo Akufa ekulusu mpona biso.

Kobikisa milimo ezali mpenza nzela na kosilisa posa na komela na Nkolo oyo Angagaki na ekulusu été, « Nayoki posa na komela ," mpe kofuta talon a makila ma Nkolo.

2. Bana batikala kobotama te mpona kobakolama na zemi to kosopana na zemi

Nini ekokomela bana batikalaka kobotama te ba oyo bakufa na kosopana na zemi liboso na bango kobotama? Sima na kufa na nzoto, molimo na moto esengeli kokende na Lola to na Lifelo mpo ete molimo na moto, ata soki ezali mpenza elenge, ekoka te kozimama.

Molimo epesamaka sanza mitano sima na zemi

.Tango nini molimo epesamaka na muana kati na zemi? Molimo epesamaka na foetus te kino sanza motoba na zemi. Kolandana na matangi na minganga, sima na sanza mitano na zemi, foetus ebimisaka ba organes ya koyoka, miso, na makiki. Bongo na sima oyo etambwisaka makambo matali celebrale mikosalamaka mpe na sima na sanza mitano to motoba na zemi.

Tango foetus ekomi na sanza motoba, molimo ekopesamela yango mpe ekokoma na lolenge na moto. Foetus ekokenda Lola to Lifelo te tango elongwe na zemi liboso na molimo epesamela yango mpo ete yango oyo ezangi molimo ezali lokola nyama.

Mosakoli 3:21 elobi ete, "Nani ayebi soko molimo na moto ekokende likolo, to molimo na nyama ekokita na mabele?"

Molimo na moto awa etalisi nzoto oyo esangani na molimo mpe ekomema moto aluka Nzambe mpe molema na ye oyo ememaka ye akanisa mpe atosa liloba na Nzambe, tango "mpema na nyama" etalisaka kaka molema, mingi eloko oyo ememaka yango kokanisa mpe kosala.

Nyama atikaka kozala tango ekufi mpo ete ezali kaka na molema kasi molimo te. Foetus na nse na sanza mitano na zemi ezalaka na molimo te. Bongo, soki ekufi, ekotika kozala lolenge na nyama.

Kolongola zemi ezali lisumu monene lokola koboma

.Bongo ezali lisumu te ya kolongola Foetus na nse na sanza mitano mpo ete ezali na molimo kati na yango te? Bosengeli te kosala lisumu ya kolongola foetus, na kotalaka te tango nini molimo epesamaka na foetus, na kokanisaka ete Nzambe Ye moko Akambaka bomoi na bato.

Na Nzembo 139: 15-16, moyembi akomi ete," "Nzoto na ngai ebombamaki na Yo te na tango wana esalemaki ngai na ebombelo mpe wana ebongisamaki ngai na nse mingi na mokili. Miso na Yo Imonaki ngai naino esalemaki ngai te na mokili. Mikolo na ngai mikomamaki nyoso na mokanda na Yo ; Yango iponamaki mpo na ngai, naino ekomaki moko na yango te.'

Nzambe na bolingo Ayebaka moko na moko na bino liboso na bino bosalema na libumu na mama na bino mpe Azalaka na makanisi na nkamwa mpe ba nzela mpona bino na kokoma miango ata na buku na Ye. Tala ntina bato, ekelamo ya mpamba na Nzambe, bakoki te kokamba bomi na foetus, ata soki ezali na nse na sanza mitano.

Kolongola zemi na fetus ezali lolenge moko na koboma mpo ete bokoti kati na mpifo na Nzambe oyo Akambaka bomoi, kufa, mapamboli, na bilakeli mabe. Lisusu, lolenge nini bokoki kobetisa sete ete ezali lisumu ezangi tina tango bobomi muana na bino mobali to ya muasi?

Lifuti na lisumu mpe mimekano mikolanda

Sik'awa lokola bato, basumuki bokoki te kotelemela BoNzambe na Nzambe likolo na bomoi na bato. Lisusu, ezali malamu te ya kolongola zemi na muana na bino na kolandaka bisengo na mokili. Bosengeli koyeba ete bokobuka nini bolonaki, mpe bokofuta na oyo bosalaki.

Ezali mabe koleka soki bolongoli zemi na sima na sanza motoba to likolo. Ezali lolenge moko na koboma mokolo mpo ete molimo esi epesameli yango.

Kolongola zemi ekotonga efelo monene na masu kati na bino na Nzambe. Na lifuti, ba pasi mikopesamela bino miwutaka na mimekano mingi mpe pasi. Moke moke, bokokende mosika na Nzambe likolo na efelo na masumu soki bokosilisa likambo na masumu te, mpe bokoki kokende mosika mpenza mpona kozonga. Ata ba oyo bandimelaka Nzambe te bakozwa etumbu mpe mimekano na lolenge nioso na ba kokoso mikokwela bango soki bakolongola zemi mpo ete ezali koboma. Mimekano mpe ba kokoso mikolandaka bango tango nioso mpo ete Nzambe Akokoka te kobatela bango, mpe Akobalolela bango elongi soki bakokweisa efelo na masumu te.

Tubelani masumu na bino mpenza mpe kweisani efelo na masumu

Nzambe Apesa mibeko ma ye mpona kokatela bato te kasi kotalisa mokano na Ye, komema bango na tubela, mpe kobikisa bango.

Nzambe Amema mpe bino bososola makambo oyo mitali kolongola zemi mpo ete bokoka te kosala lisumu oyo mpe bokoka kobebisa efelo na masumu na kotubelaka masumu na bino bosalaka na kala.

.Soki bolongolaki zemi na muana na bino na kala , boyeba ete bosengeli mpenza kotubela mpe kokweisa efelo na masumu na kopesaka libonza na kimya. Nde, mimekano nab a kokoso mikolimwa lolenge Nzambe Akokanisa lisusu te masumu na bino.

Monene na masumu ekeseni kolandana na likambo na likambo tango bolongoli zemi na muana mpo ete bozwaki zemi na kolalama na makasi, lisumu na bino ezali mpenza moke. Soki babalani balongoli zemi na muana balingaki te, lisumu na bango ezali monene koleka.

Soki bolingi muana te mpona tina moko boye, bosengeli kotika muana na bino kati na libumu na maboko na Nzambe o nzela na mabondeli. Na likambo oyo, bosengeli kobota muana na bino soki Nzambe Ayanoli kolandana na libondeli na bino te.

Mingi na bana oyo balongolami na zemi babika kasi ezali na makambo

Sanza motoba sima na zemi kokota, foetus, ata soki epesami molimo, ekoki te kokanisa malamu, kososola, to kondimela eloko na posa na ye moko. Nde, Nzambe Abikisaka mingi kati na bango ba oyo bakufaka na tango oyo na kotalaka bondimi na bango te to oyo ya baboti na bango.

Botala tina nini nalobaki "mingi" –bango nioso te"- nab a foetuse mpo ete na makambo mosusu, foetus akoki kobika te.

Foetus akoki kozwa bizaleli na mabe epai na baboti na yango na tango ya bokoti na zemi na ye soki baboti to bakoko batelemelaki Nzambe makasi mingi mpe batondisaki mabe likolo na mabe. Na likambo oyo, foetus akoki kobika te.

Ndakisa, ekoki kozala muana na moto na soloka to muana na baboti mabe mpenza ba oyo balakela mpe balikyela kaka mabe na bato mosusu lokola Hee-bin Jang* na lisituale na Koré (*Makomi na mobimisi buku: Muasi Jang azalaki makango na Mokonzi Sook-Jong na suka na siècle zomi na sambo, oyo mpona zua, alakelaka mabe muasi na mokonzi na ekolo). Alakelaka mabe mbanda na ye na kobeta tolo tolo na photo na ye likolo na zua na ye makasi. Bana na baboti na lolenge oyo bakoka kobika te mpo ete bazwi bizaleli mabe oyo na baboti na bango.

Ezalaka mpe na bato mabe mingi mpenza kati na ba oyo bakobetaka tolo ete bandimela. Bato ya lolenge oyo batelemelaka, bakatelaka, mpe babebisaka mosala na Molimo Mosantu. Mpona zua, bamekaka mpe koboma oyo azali kopesa nkembo na nkombo na Nzambe. Soki bana na baboti na lolenge oyo basopani na zemi, bakoka kobika te.

Na libanda na makambo na lolenge oyo, mingi na bana oyo babotama te babikaka. Kasi, bakoki te kokota Lola, ata Paradiso, wuta bakolisamaka mokili oyo soko moko te. Babikaka na Nkunda na Likolo, ata na sima na esambiseli na Ngwende monene ya Pembe ekosalema.

Bisika na seko mpona bana oyo babikisama kasi babotamaka te

Ba foetus oyo balongolama na zemi na sanza motoba to likolo na Nkunda na likolo bazali kaka lokola likasa ya pembe wuta bango bakolisama na mokili te. Bongo, bakozala na Nkunda na

Lifelo

Likolo mpe bakolata nzoto oyo ekoki mpona milema na bango na tango na lisekwa.

Bakolata nzoto oyo ekombongwana mpe ekokola na bokeseni na bato misuse ba oyo bakolata nzoto na molimo mpe oyo ewumelaka seko. Bongo, ata soki bazali na lolenge na bana na ebandeli, bakokola kino tango bakokoma na bisika ekokela bango.

Bana oyo, ata na sima na bango kokola, bakotikala na Nkunda na Likolo, na kotondisaka milimo na bango na boyebi na solo. Bokoki kososola yango na pete soki bokanisi likolo na ebandeli na Adamu na elanga na Edeni mpe nzela na ye ya koyekola.

Adamu azalaka na molimo, molema, mpe nzoto na tango akelamaka lokola ekelamo na bomoi. Kasi, nzoto na ye ekesanaka na oyo ya molimo, oyo ya lisekwa mpe molema na ye esosolaka makambo te lokola oyo ya muana abotami sika. Bongo, Nzambe Ye moko apesaka na Adama mayebi na molimo, na kotambolaka na ye na tango molayi.

Bosengeli koyeba ete Adamu na elanga na Edene akelamaka na mabe moko te kati na ye kasi milema na Nkunda na Likolo bazali malamu lolenge na Adamu te, mpo ete basi bazwa masumu na baboti na bango ba oyo balekela na mokili oyo na ba ekeke.

Wuta bokwei na Adamu, bakitani na ye nioso na sima bazwa masumu na mbotama kowuta na baboti na bango.

Bana wuta mbotama kino na mbula mitano

Lolenge kani bana na mbula kino mitano, ba oyo bakoki te koloba nini mabe to malamu mpe bayebi naino kondima te, babikisama? Lobiko mpona bana na mbula oyo etiami na kondima na baboti na bango- Mingi, ba mama na bango.

Muana Akoki kozwa Lobiko Soki baboti na muana bazali na kondima oyo ekoki kobikisa mpe bakolisa bana na bango na kondima (1 Bakolinti 7:14). Kasi, ezali solo te ete muana akoki kobika te kaka mpo ete baboti na muana bazali na kondima te.

Awa, bokoki lisusu komona bolingo na Nzambe. Genese 25 etalisi biso ete Nzambe Ayebaka ete Yacobo akozala monene na mikolo liboso koleka ndeko na ye Esau tango bazalaka kobunda na libumu na mama na bango. Nzambe na makoki nioso Akambaka bana nioso oyo bakufaka liboso na mbula na Lobiko kolandana na esambiseli na motema. Yango ekoki mpo ete Nzambe Ayebi soko muana akondimela Nkolo, soki epesamelaki na bango babika likolo na ba mbula wana, tango bakoyokaka Sango Malamu na sima kati na bomoi na bango.

Kasi, bana oyo baboti na bango bazali na kondima te mpe ba oyo bakoleka esambiseli na motema te mpe solo bakokweya na Nkunda na Nse oyo ezali na Lifelo mpe bakonyokwama kuna.

Esambiseli na motema mpe kondima na baboti na bango

Lobiko na bana etalaka mingi kondima na baboti na bango na lolenge oyo. Nde, baboti basengeli kokolisa bana na bango kolandana na mokano na Nzambe mpo ete bana na bango basuka na Lifelo te.

Kala kala, babalani moko oyo bazalaka na muanate babotaka muana na ekateli na mabondeli. Kasi, muana abomanaka na liboso na tango na likama na mituka.

Nakokaki kozwa tina na kufa na muana na bango kati na mabondeli. Ezalaki mpo ete kondima na baboti na muana ekomaki pio mpe bazalaki mpenza mosika na Nzambe. Muana akokaki kokota na kelasi esangana na egelesia te mpo ete baboti na ye bakotaka na lolenge na kobika na mokili. Na bongo, muana abandaka koyemba ba nzembo na mokili bisika na koyemba ba nzembo ekumisaka Nzambe.

Na tango wana muana azalaka na kondima ya kozwa lobiko kasi akokaki kobika te soki akolaka na nse na bokambi na baboti na ye. Na likambo oyo, Nzambe, o nzela na likama na nzela, Abengaki muana na bomoi na seko mpe Apesaka libaku malamu na baboti na ye mpona kotubela. Soki baboti oyo batubelaka na komonaka muana oyo kobomama na somo te, Akokaki kozwa mokano wana te.

Mosala na baboti mpona bokoli na molimo na bana na bango

Kondima na baboti ezali na lisanga na lobiko na bana na bango. Kondima na bana ekoki te kokola malamu soki baboti na bango bazali na likambo te mpona bokoli na molimo na bana na bango, na kotikaka bango kaka na kelasi na eyenga.

Baboti basengeli kobondela mpona bana na bango, bamitala soki bangumbamelaka na molimo mpe na solo na motema, mpe bakolakisa bango kobika bomoi na mabondeli na ndako na kozalaka ndakisa malamu epai na bango.

Napesi makasi na baboti nioso balamuka na kondima na bango moko mpe bakolisa bana na bango ba bolingo kati na Nkolo. Na pamboli ete libota bino ekoka kosepela bomoi na seko elongo na bino na Lola.

4. Bana kobanda mbula motoba kino liboso na bolenge.

Lolenge kani bana na mbula motoba kino liboso na bolenge-pembeni na mbula zomi na mibale- bakoki kobikisama?

Bana wanna bakoki kososola Sango Malamu soki bayoki yango, bakoki mpe kozwa mokano nini kondimela na makoki na bango moko mpe na makanisi, na mobimba te kasi na bisika moko boye.

Mbula na bana oyo etiami awa, ya solo, ekoki kozala na mwa bokeseni na likambo etali bokoli, development, mpe lolenge ya kokoka na bisika na mwana moko na moko. Likambo ya motuya ezali ete na mbula oyo, bana bakoki kondimela Nzambe na kopona mpe na makanisi na bango moko.

Na kondima na bango moko na kotalaka te kondima na baboti na bango moko

Bana na likolo na mbula motoba kino zomi na mibale bazali na makoki malamu ya kopona kondima. Bongo, bakoki kobika na kondima na bango moko na kotalaka te kondima na baboti na bango.

Bna na bino, nde, bakoki kaka kokende Lifelo soki bokolisi bango kati na bondimi te ata soki bino moko bokoki kozala na kondima makasi. Ezali na bana oyo baboti na bango bandimela te. Na likambo oyo ezali pasi mpo na bana bazwa lobiko.

Tina nazali kososola lobiko na bana liboso nab a mbula na

bolenge kino sima na bolenge ezali mpo été o nzela na ebele mpe bolingo oyo esopanaka na Nzambe, esambiseli na motema ekoki kosalema mpona lisanga na liboso.

Nzambe Akoki lisusu kopesa libaku mosusu na bana oyo mpo ete bazwa lobiko mpo ete bana na mbula oyo bakoki te kokata makambo na mokano na bango moko mpe makanisi mpo ete bazali naino na nse na baboti na bango.

Bana malamu nandimelaka Nkolo tango bakoyoka Sango Malamu mpe bakoyamba Molimo Mosantu. Bakokotaka mpe egelesia kasi na sima na mikolo bakokoka te mpona baboti na bango bakotelemela bango makasi mpo ete bango bazali kongumbamela bikeko. Kasi, na ebandeli na bolenge na bango, bakoki kopona nini ezali malamu mpe nini ezali mabe na kopona na bango moko na kotalaka te nini baboti baling. Bakoki kobatela kondima na bango soki solo bandimeli mpenza Nzambe ata kotelemela mpe minyoko na baboti na bango mikoki kozala.

Toloba muana, oyo akokaki kozala na kondima makasi soki epesamelaka ye kobika molayi, akufa na bomwana. Nini, bongo, ekokomela ye ? Nzambe akokamba ye na lobiko na mobeko na esambiseli na motema mpo ete Ayebi mozindo na motema na muana.

Kasi soki muana andimeli Nkolo te mpe alongi esambiseli na motema te, ye akozala lisusu na libaku malamu te mpe akosuka solo na Lifelo. Lisusu, esosolami ete lobiko na bato likolo na bolenge moke etali kaka kondima na bango moko.

Bana oyo babotama na bisika malamu te

Lobiko na bana oyo bakoki kososola te etalaka mingi molimo

(mokili, energy, makasi) na baboti mpe na bakoko.

Muana akoki kobotama na likama na moto to akangema na milimo mabe na bomwana na ye mpenza mpona mabe mpe kongumamela bikeko na bakoko na ye. Mpo ete bakitani bazalaka na nse na baboti to bakoko na bango.

Mpona yango, Dutelonome 5:9-10 ekebisi biso lolenge na lolenge oyo ete:

Okongumbamela yango te to kosalela yango te, mpo ete ngai Yawe Nzambe na yo nazali Nzambe na zua na kobatela, mpe na kokitisa mabe na batata na bana kino libota na misato na ba oyo bakoyinaka ngai, nde nakomonisa boboto na bato nkoto nab a oyo bakolingaka ngai mpe bakotosaka mibeko na ngai.

1 Bakolinti 7:14 mpe etalisi boye "Mpo ete mobali oyo azangi kondima akobulisama na ntina na muasi, mpe muasi oyo azangi kondima akobulisama mpona ndeko mobali; Soko te bana na bino bakozala mbindo,kasi saipi bazali bulee."

Lolenge moko ezali pasi mingi mpona bana babikisama soki baboti bazali kobika kati na kondima te. Mpo ete Nzambe Azali bolingo, Abalulaka mokongo nab a oyo babelelaka Nkombo na Ye te ata soki bakokaki kobotama na lolenge na mabe ewuta na baboti na bango to bakoko. Bakoki kokambama na lobiko mpo ete Nzambe Ayanolaka mabondeli na bango tango batubeli, bakomekaka kobika kolandana na Liloba na Ye na tango nioso, mpe bakobelela nkombo na Ye na kolemba te.

Ba Ebele 11:6 elobeli biso ete "Soko na kondima te ekoki kosepelisa Nzambe te.. Mpo ete ekoki na babelemi na Nzambe kondima ete Azali, mpe ete Akozongisa libonza epai na bango bakolukaka Ye. Ata soki bato babotamaka na lolenge na mabe, Nzambe akobongola mabe wana na oyo na malamu mpe Akokamba bango na Lola na tango basepelisi Ye na misala malamu mpe komikaba mbeka na kondima.

Ba oyo bakoki koluka Nzambe na makoki na bango moko te

Bato misusu bakoki te koluka Nzambe kati na kondima mpo ete bazali na bokono ya moto to bakangemi na milimo mabe.

Na likambo ya boye, baboti to mabota na bango basengeli kolakisa kondima oyo ekoka mpona ntina na bango liboso na Nzambe. Nzambe na bolingo akofungola nde ekuke na lobiko, na komona kondima na bango mpe bosolo.

Baboti na bango basengelaki kopamelama mpona makambo matali bana na bango soki muana akufi liboso na ye kozwa libaku malamu mpona lobiko. Bongo, nasengi na bino ete bososola ete kobika kati na kondima ezali motuya mingi kaka mpona baboti bango moko te, kasi mpona bakitani mpe lokola.

Bosengeli kososola motema na Nzambe Oyo Amonaka molimo moko na moto motuya koleka mokili mobimba. Napesi na bino makasi ete bozala na bolingo mingi mpo na kotala kaka bana na bino te kasi ata bana na ba oyo pembeni na bino mpe bandeko kati na kondima.

5. Adamu na Ewa babikisamaka?

Adamu na Ewa babwakamaka na mabele sima na bango kolia na nzete na boyebi malamu na mabe na koboya na bozangi kotosa na bango mpe bayokaka Sango Malamu te. Bongo babikisamaka? Tika ngai nalimbolela bino soki moto way ambo Adamu na Ewa bazwaka lobiko.

Adamu na Ewa batosaka Nzambe te.

Na ebandeli, Nzambe Asalaka moto wa y ambo Adamu na elilingi na Ye mpe Alingaka bango mingi mpenza. Nzambe Abongisaka makambo nioso mpona kobika na bango kati na bofuluki mpe akambaka bango kati na Elanga na Edeni. Kuna, Adamu na Ewa bazangaka eloko te.

Mpe lisusu, Nzambe Apesaka Adamu nguya monene na mpifo mpona kokamba makambo nioso kati na univer. Adamu akambaka makambo nioso na mokili, na likolo, mpe na nse na mai. Moyini Satana na Zabolo bakokaki te kokota na Elanga na Edeni mpo ete ebatelamaki mpe ekonzamaki na nse na bokambi na Adamu.

Na kotambolaka na bango, Nzambe Ye moko Apesaka bango boyebi na molimo na lolenge na bolamu mpenza- lolenge tata asengeli kolakisa bana na ye wa bolingo makambo nioso kobanda na A kino Z. Adamu na Ewa bazangaka elokomoko te kasi bamekamaka na kilikili na nyoka mpe baliaka mbuma epekisamela bango kolia. Bayaka komeka kufa kolandana na Liloba na Nzambe ete bakokufa solo (Genese 2:17). Na maloba mosusu, molimo na bango ekufaka ata soki bazalaki milimo na bomoi. Lokola lifuti, babwakamaki na mokili wuta na Elanga kitoko na Edeni. Koleka na bato na nse na moi ebandaka na mabele oyo bisika wapibiloko nioso milakelamaka mabe na ngonga moko.

Adamu na Ewa Babikisamaka? Bato misusu bakoki kokanisa

ete bakokaka kozwa lobiko te mpo ete makambo nioso milakelamaka mabe mpe bakitani na bango bazalaka na konyokwama likolo na bozangi botosi na bango na ebandeli. Ata bongo, Nzambe na bolingo Atikaka polele ekuke na lobiko ata mpona bango.

Tubela makasi na Adamu na Ewa

Nzambe Alimbisaka bino na lolenge bokotubelaka na mitema na bino mibimba mpe bokozongela Ye ata soki bobebisami na masumu na lolenge nioso mpe masumu na solo esalema tango bokobikaka na mokili oyo etondisama na molili mpe mabe. Nzambe Alimbisaka bino na lolenge bokotubelaka na mitema na bino mibimba mpe bokozongelaka Ye ata soki bozalaka babomi.

Na kopimama na baton a lelo.bokoyeba ete Adamu na Ewa bazalaki solo na mitema petwa mpe malamu. Lisusu, Nzambe Ye moko Alakisa bango na bolingo malamu na tango molayi. Bongo, lolenge nini Nzambe Akokaka kotinda Adamu na Ewan a Lifelo na kolimbisa bango ten a ndenge batubelaki na n se na mitema na bango?

Adamu na Ewa banyokwamaki mingi na tango bazalaka koleka nan se na moi. Bazalaka kobika na kimya mpe na tango nioso bazalaka kolia mbuma na lolenge nioso na tango nioso na elanga na Edeni; sasaipi, bakokaki kolia te soki batokaki te. Ewa asengelaki kobota na pasi monene koleka. Batangisa mai na miso mpe banyokwamaka na pasi na masumu na bango. Adamu na Ewa bamonaka mpe moko na muana na bango kobomana na oyo mosusu.

Boni boni basengelaki kozanga bomoi na bango nan se na kobatelama na Nzambe kati na Elanga na Edeni tango bakutanaka na komilela na lolenge oyo na mokili oyo? Tango babikaka kati na Elanga, basosolaka te esengo na bango mpe bapesaka matondi epai na Nzambe te mpo ete bazwaka bomoi na bango, bofuluki, mpe bolingo na Nzambe mpona pamba.

Kasi, sik'awa bakokaki kososola lolenge kani bazalaka na esengo na tango wana mpe bayaka kopesa matondi epai na Nzambe mpona bolingo monene oyo Apesaka bango. Na yango, batubelaka mpenza na masumu na bango ya kala.

Nzambe Afungolaka ekuke na lobiko mpona bango

Lufuti na masumu ezali kufa kasi Nzambe oyo Akambaka na bolingo na bosembo Alimbisaka masumu na lolenge bato bazali kotubela mpenza.

Ata soki mokano na Nzambe epesaka Adamu na Ewa kolia na nzete na boyebi malamu na mabe, lolenge oyo ya kotosa te ememaka bato mingi kati na minyoko mpe kufa. Bongo, Adamu na Ewa bakokaki te kokota na bisika na malamu koleka na Lola mbe Paradiso mpe solo bakokaki kozwa lifuti moko ten a Nkembo.

Nzambe Asalaka na bolingo mpe bosembo

Tika tokanisa likolo na bolingo na Nzambe mpe bosembo o nzela na ntoma Polo.

Ntoma Polo ameseneke kozala mokambi monene mpona konyokola bandimi na Yesu mpe kotia bango kati na boloko na tango oyo ayebaka naino Yesu malamu te. Na tango Setefano abomamaka na tango azalaka kosakola Nkolo, Polo azalaka kotala lolenge Setefano abambamaka mabanga kino kufa mpe ye amonaki yango malamu

Kasi, Polo akutanaka na Nkolo mpe andimelaka Ye o nzela na Damasica. Na tango wana, Nkolo Alobelaka ye ete akozala Ntoma na bapaya mpe akonyokwama mingi. Wuta wana, ntoma Polo atubelaka mpenza mpe amikabaka mbeka bomoi na ye nioso mpona Nkolo.

Akokaka kokota Yelusalema ya Sika mpo ete atambusaki mosala na ye na esengo ata pasi makasi, mpe azalaka sembo mpona kopesa bomoi na ye mpona Nkolo.

Na mobeko oyo ya mokili esengeli kobuka lolenge olonaki. Ezali lolenge moko na mokili na molimo. Bokobuka bolamu soki bolonaki bolamu mpe bokobuka mabe soki bolonaki mabe.

Lolenge bokoki komona mpona likambo na ntoma Polo, bosengeli kobatela mitema na bino, bosenjela, mpe bobatela na moto ete mimekano mikolanda bino mpona mabe bosalaka kala ata soki bolimbisama na kotubelaka mpenza makasi.

6. Nini ekomelaka mobomi way ambo Caina?

Nini ekomelaka mobomi way ambo Caina. Oyo akufaka na koyoka Sango Malamu te? Tika biso totala soki abikaka to te na esambiseli na motema.

Bandeko Caina na Abele bapesaka libonza epai na Nzambe

Nzela na Lobiko mpona ba oyo batikala koyoka sango malamu te

Adamu na Ewa babotaka bana na mokili oyo sima na bango kobenganama na Elanga na Edeni; Caina azalaka muana mobali way ambo mpe Abele azalaki leki na Caina ya mobali. Tango bakolaka, bapesaka mbeka epai na Nzambe. Caina amemaka ba mbuma na mabele lokola mbeka epai na Nzambe kasi Abele amemaka eteni na mafuta na mdambu na bibwele na etonga na ye.

Nzambe Atalaka Abele na bolamu mpe na mbeka na ye kasi likolo na Caina mpe mbeka na ye soko te. Bongo tina nini Nzambe Atalaka malamu Abele na mbeka na ye?

.Bosengeli te kopesa mbeka epai na Nzambe na kotelemela mokano na Ye. Kolandana na mobeko na mokili na molimo, bosengeli kongumamela Nzambe na makila na mbeka oyo ekoki kolimbisa masumu. Bongo, na ekeke na Boyokani na Kala, bato bazalaka kobonza ntaba to mpate mpona kongumbamela Nzambe mpe na ekeke na Boyokani na Sika, Yesu mpate na Nzambe akomaka mbeka na motuya na kotangisaka makila ma Ye.

Nzambe Andimaka na esengo, Akoyanola libondeli na bino, mpe Akopambola bino tango bokongumbamela Ye na libonza na makila na mbeka, yango ezali, kaka tango bozali kongumamela ye na molimo mpe na solo. Nzambe Ayambaka mbeka na bino na esengo te, tango bozali kongumamela ye na konimbaka to bokoyokaka mateya na makanisi epai na epai na tango na mayangani.

Nzambe atalaka malamu kaka Abele mpe na libonza na ye

Adamu na Ewan a momesani bayebaka malamu mobeko na molimo na kobonza mbeka mpo ete Nzambe Alakisaka bango mobeko na Elanga na Edeni mpona tango molayi wana bazalaka kotambola na Ye. Ya solo, basengelaki solo kolakisa bana na bango na lolenge nini yakopesa mbeka malamu epai na Nzambe.

Na loboko mosusu, Abele angumbamelaka Nzambe na mbeka na makila na botosi na malakisi na baboti na ye. Na loboko mosusu, Caina amemaka mbeka na nyama te kasi ba mbuma na mabele lokola libonza epai na Nzambe na makanisi ma ye moko. Mpona yango, Baebele 11:4 elobi ete "Mpona kondima Abele alekaki Caina na kotombwela Nzambe mbeka malamu; na nzela nango azwaki litatoli ye moyengebeni. Nzambe Atatolaki boye mpona makabo na ye mpe ye mokufi azali naino koloba.

Nzambe Andimaka mbeka na Abele mpo ete angumbamelaki Nzambe na molimo na botosi na mokano na Ye na kondima. Kasi, Nzambe Andimaka mbeka na Cain ate mpo ete angumbamelaki Ye na molimo te kasi angumbamelaki Ye kolandana na lolenge mpe makanisi na ye moko.

Caina abomaka Abele mpona zua

Na komonaka ete Nzambe Andimaka kaka libonza na ndeko na ye, kasi oyo ya ye te, Caina azalaka na kanda makasi mpe elongi na ye ebebisamaka. Suka suka abundisaki Caina mpe abomaki ye.

Kaka na ekeke moko wuta koleka na baton a nse na moi ebandaka na mabele oyo, bozangi botosi eboti zua, zua eboti moyimi na koyina, mpe moyimi na koyina epanzani na koboma. Somo nini yango ezalaki?

Nini ekomelaki mobomi way ambo Caina? Bato misusu bakoboyaka kondima ete Caina akokaki kobika te mpo ete Abomaka ndeko na ye moyengebene Abele.

Caina ayebaka Nzambe Azali nani na nzela na baboti na ye Kotalisama na baton a lelo, bato o mikolo na Caina bakitanaka na mabe moke mpenza kowuta na baboti na bango. Caina, ata soki abomaki ndeko na ye mbala moko mpona zua, azalaka mpe petwa kati na motema na ye. Bongo, ata soki abomaka, Caina akokaka kotubela o nzela na etumbu na Nzambe mpe Nzambe Atalisaka ye ngolu.

Caina abikisamaka o nzela na tubela makasi

Na Genese 4:13-15, Caina azali komilela epai na Nzambe ete etumbu na ye ezali mpenza makasi mpe azali kosenga mawa na Ye na tango alakelamaki mabe mpe akomaka moyengi yengi oyo apemaka te na mokili. Nzambe Azongisaka ete
 "Na bongo moto oyo akoboma Caina, likambo ekokwela ye mbala sambo." Mpe Nzambe Atiaka elembo likolo na Caina mpo ete moto akoka koboma ye te.

Awa bosengeli kosososla lolenge nini Caina atubelaka mpenza sima na ye koboma ndeko na ye mobali. Kaka wana nde, akokaka kozala na nzela na kososlola na Nzambe mpe Nzambe Atia ye elembo lokola mokoloto na bolimbisi na Ye. Soki Caina Azalaka na elikya te mpe asengelaka na Lifelo, nde tina nini Nzambe Ayoka libondeli na ye na ebandeli, mpe Akenda kotia ye elembo?

Caina asengelaki kozala moyenga yenga na mokili lokola etumbu na ye koboma ndeko na ye mobali kasi na suka azwaka lobiko na nzela na tubela na masumu na ye. Kasi, na likambo etali Adamu, Caina abikisamaka na mawa mpe epesamelaki ye kobika na bisika na suka na Paradiso- Ata na kati kati te- na Paradiso.

Nzambe na sembo Akokaki te kondimela Caina akota bisika malamu mingi na Lola mbe kaka Paradiso ata sima na tubela na ye. Ata soki Caina abikaka na bisika malamu oyo ezalaka na masumu moke, azalaka nde na mabe na koboma ndeko na ye moko mobali.

Ata bongo, Caina akokaki kokota bisika malamu na Lola soki abalolaka elanga mabe na motema na ye na oyo ya malamu mpe asalaka makasi na ye mpona kosepelisa Nzambe na makasi na ye nioso mpe na motema na ye nioso. Kasi, motema na ye ezalaka ata malamu mpe penza petwa te.

Pona nini Nzambe Apesaka etumbu na bato mabe mbala moko te?

Bokoki kozala na mituna mingi na tango bozali kobika bomoi na bino kati na kondima. Bato misusu bazali mabe mingi kasi Nzambe Azali kopesa bango etumbu te. Basusu bazali konyokwama na ba bokono to bakokufaka likolo na mabe na bango. Kasi basusu mpe bazali kokufa na bomwana na bango ata soki bakomonanaka sembo mingi liboso na Nzambe.

Ndakisa, mokonzi Saulo azalaka mabe na kokoka na motema mpona komeka koboma Dawidi ata soki ayebaka ete Nzambe Apakolaka Dawidi mafuta na epakolami. Kasi, Nzambe atikaka mokonzi Saulo na etumbu te. Na yango, Saulo anyokolaki lisusu Dawidi makasi na koleka.

Yango ezalaki ndakisa na mokano na bolingo na Nzambe. Nzambe Alinga kokembisa Dawidi mpona kokomisa ye Mbeki monene mpe suka suka kokomisa ye mokonzi o nzela na mabe na Saulo. Tala tina Mokonzi Saulo akufaka tango kokembisama na Dawidi esilaki.

Lolenge oyo, kolandanna na moto moko na moko, Nzambe Akopesa etumbu na mbala moko to akopesa bango nzela ete babika na etumbu te. Makambo nioso mazalaka na mokano mpe bolingo na Nzambe.

Bosengeli kolikya bisika malamu koleka na Lola

Na Yoane 11:25-26, Yesu alobi ete, "Nazali lisekwa mpe bomoi; ye oyo azali kondima ngai ata asili kokufa akobika; mpe moto na moto oyo azali na bomoi soki andimela ngai akokufa te. Ozali kondima oyo?

Ba oyo bazwaka lobiko na nzela na kondima sango malamu bakosekwa solo, bakolata nzoto na molimo, mpe bakosepela nkembo na seko kuna na lola. Ba oyo bazali naino na bomoi na mokili bakokamatama na mapata mpona kokutana na Nkolo na mipepe tango akokita na lola. Na lolenge bokokani na elilingi na Nzambe, bisika malamu na Lola bokozala.

Na oyo, Yesu Alobeli bison a Matai 11:12 ete "Longwa mikolo na Yoane Mobatisi kino lelo bokonzi na likolo ezwi minyoko, mpe banyokoli bakamati yango na makasi." Yesu Apesaki elaka mosusu na Matai 16:27 ete, "Pamba te ekoki na Muana na Moto ete Aya na nkembo na Tata na Ye esika moko na banje na Ye, mpe na ntango yango akopesa moto na moto libonza na ye kolandana na misala na ye."

1 Bakolinti 15:41 yango mpe etalisi ete "Ezali na nkembo na

moi, mpe nkembo mosusu na sanza, mpe nkembo mosusu na minzoto; Mpo ete minzoto mikesanaka na nkembo."

Bokoki kaka kolikya bisika malamu na Lola. Bokomeka kokoma bulee eleki mpe sembo koleka na ndako nioso na Nzambe mpo ete bondimama na kokota Yelusalema ya sika bisika Ngwende na Nzambe ezalaka. Lokola moto na bilanga na tango ya kobuka, Nzambe Alingi kokamba bato mingi koleka na bisika malamu koleka na Lola o nzela na boleki na bato na mabele oyo.

Boyeba mokili na molimo malamu mpona kokota Lola

Bato oyo batikala koyeba Nzambe to Yesu Christu te bakaki kokota Yelusalema ya Sika na pasi ata soki babikisamaki o nzela na esambiseli na motema.

Ezali na bato oyo bayebi malamu te mokano na boleki na moto na mokili oyo, motema na Nzambe, mokili na molimo ata soki bayoka Sango Malamu. Bongo, bayebi te ete banyokoli bakamati bokonzi na Lola to elikya na Yelusalema na Sika ezali kati na bango te.

Nzambe Alobeli biso ete "Zala sembo kino kufa, nde nakopesa yo montole na bomoi" Emoniseli 2:10). Nzambe Akofuta bino mingi na Lola kolandana na nini bolonaki. Lifuti ezali motuya mingi mpo ete ekotikala mpe ekofanda seko na nkembo.

Tango bobateli yango na bongo na bino, bokoki kobongama lokola basi kitoko na libala na Nkolo lokola miseka mitano na mayele mpe bokokisa molimo ekoka.

1 Batesaloniki 5:23 etangi ete "Tika ete Nzambe na kimya , Ye moko Abulisa bino mobimba; Mpe tika ete bobatelama kati na molimo mpe na motema mpe na njoto na kokabwana te mpe na ekweli te kino ekomonana Nkolo na biso Yesu Kristu."

Bongo, bosengeli noki noki komilengela lokola basin a libala na Nkolo mpona kokokisa molimo ekoka liboso na kozonga na Nkolo Yesu Christu, to kobiangama na Nzambe mpona molimo na bino na oyo ekoya liboso.

Ekoki te kaka koya na ndako na Nzambe eyenga nioso mpe kotatola, "Nandimi." Bosengeli kolongola masumu na lolenge nioso mpe bozala sembo na ndako nioso na Nzambe. Na koleka bokosepelisa Nzambe, bisika malamu na Lola bokokoka kokota.

Napesi bino makasi ya kokoma bana na solo na Nzambe na boyebi oyo. Na nkombo na Nkolo, nabondeli ete botambola kaka na Nkolo te awa na mokili kasi bobika mpe penepene na Ngwende na Nzambe na Lola mpona libela na libela.

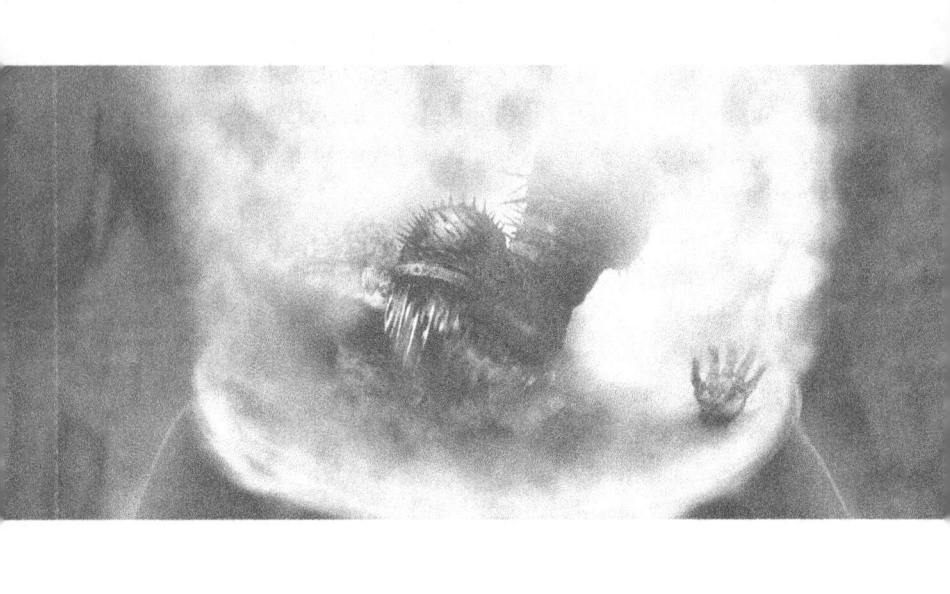

Chapitre 3

Nkunda na nse mpe Identite na Batindami na Lifelo

1. Batindami na Lifelo Bamemaka baton a Nkunda na Nse
2. Bisika ya kozela na mokili ya Milimo Mabe
3. Bitumbu ya kokesana na Nkunda na Nse mpona masumu ekesana
4. Lucifer mokambi na Nkunda na Nse
5. Identite na Batindami na Lifelo

"Mpo ete Nzambe Atikaki banje te ba oyo basalaki mabe kasi Abwaki bango na Lifelo, Atiaki bango na mabulu na molili tuu ete babatelama mpona kosamba."
(2 Petelo 2:4)

"Bato mabe bakozonga na esika na bakufi, ata mabota nioso baoyo bakobosana Nzambe."
(Njembo 9:17)

Na tango ya kobuka na mbula nioso, baloni bazalaka na esngo na kozelaka masangu malamu. Kasi, ezali pasi mpona bango kobuka masangu na qualite wa yambo na tango nioso ata soki bazali kosala makasi mokolo na mokolo, butu sima na butu, nakolonaka ba fumier, kolongola matiti mabe, mpe bongo na bongo. Kati na masangu, ekozala na oyo ya qualite ya mibale, ya misato, mpe ata mabe mingi.

Bato bakoki kolia matiti na masangu lokola bilei na bango te. Kasi, matiti ekoki kosangisama bisika moko na masangu te mpo ete ekobebisa masangu. Yango wana basali bilanga basangisaka matiti mpe bakotumba yango to bakosalela yango lokola fumier.

Na loboko mosusu, Nzambe Atindaka bato na Lifelo na somo te soki baza;I na kondima lokola mboto na senapi mpona komitika na makila ma Yesu Christu na kotalaka posa na Ye na ebandeli te, mpona kokolisa mpe kozwa kaka bana ya solosolo. Na loboko mosusu, ba oyo bamdimelaka Yesu Christu te mpe bakobundisaka Nzambe kino suka bazalaka na nzela mosusu te, kaka ya kokende na Lifelo mpo ete baponi nzela na libebi na mabe kati na bango moko.

Bongo, lolenge kani milimo miye mibikisami te mikomemana na Nkunda na Nse oyo ezali na Lifelo mpe batindami na Lifelo bazali ba nani?

1. Batindami na Lifelo bamemaka baton a Nkunda na Nse

Na Loboko moko, tango mobikisami na kondima akufi,

LIFELO

banjelu mibale bakoya komema ye na Nkunda ya Likolo oyo ezali na Lola. Na Lika 24:4, tomoni banje mibale bakozelaka Yesu sima na kokundama na Ye mpe lisekwa. Na loboko mosusu, tango moto oyo abikisama te akokufa, batindami mibale na Lifelo bayaka komema ye na Nkunda na Nse. Ekoki mpe koyebana soki moto na mbeto na ye na kokufa abikisami to ten a kotalaka elongi na moto wana.

Liboso na ngonga na kufa

Miso na bato na molimo mifungwamaka liboso na ngonga na kufa. Moto akokufa na esengo na koseka, soki ye (muasi to mobali) amoni banje na mwinda mpe nzoto na mowei ekokangama mbala moko te. Ata na sima na mikolo mibale to misato, nzoto ekufa ekolumba solo mabe te, mpe moto akomonana lokola naino na bomoi.

Bongo, lolenge kani somo mpe kobanga esengele na ba oyo babikisami te koyoka tango bamonaka batindami na Lifelo? Bakufaka na kobanga makasi, nakokoka te kokanga miso na bango.

Soki lobiko na moto eyebani mpenza te, banje na batindami na Lifelo bakobunda mpona kozwa molimo wana na bisika na bango moko. Tala tina moto wana akomitungisa kino akata motema. Lolenge nini somo mpe na komitungisa akozala tango akomona batindami na Lifelo kofundaka ye. Nakolobaka tango nioso ete, "Azali na kondima mpona kobika te"?

Tango moto na bondimi moke akomi kokufa, ba oyo na

kondima makasi basengeli kosunga ye mpo azala na kondima mingi na nzela na nkembo na masanjoli. Akoki bongo kozwa lobiko ata na mbeto na kufa na kozala na bondimi, ata soki akozwa kaka lobiko na soni mpe akosuka na Paradiso.

Bokoki komona moto na mbeto na ye na mobeli kozwa kimya mpo ete azwui kondima mpona kobikisama tango bato bazali kosanjola mpe bakoyemba mpona likambo na ye. Tango moto na kondima makasi azali o mbeto na ye na mokufi, bosengeli te kosunga ye mpona kokolisa to kozala na kondima. Epusi malamu kopesa ye elikya na esengo.

2. Bisika na kozela mpona kokende na Mokili na Milimo Mabe

Na loboko moko, ata soki moto na kondima makasi te mpenza akoki kobikisama soki azali na kondima o nzela na masanjoli mpe loyembo o mbeto na ye na mokufi. Na loboko mosusu, soki abikisami te, batindami na Lifelo bakomema ye na bisika na kozela oyo ezali na Nkunda na Nse kuna asengela komesana na mokili na milimo mabe.

Lolenge moko milimo mibikisama mizalaka na mikolo misato na tango na komesana na Nkunda na Likolo, milimo oyo mibikisama te bango mpe bakofanda mikolo misato na bisika na kozela oyo ekokanaka na libulu monene na Nkunda na Nse.

Mikolo misato na komesana na bisika na kozela

LIFELO

Bisika na kozela na Nkunda na Likolo, bisika wapi milimo mibikisama mpona mikolo misato, etondisama na kosepela, kimya, mpe elikya mpona bomoi na nkembo ekoya na liboso. Bisika na kozela na Nkunda na Nse ezali kaka bokeseni.

Milimo mibikisama te basengeli kobika na pasi moto akoka kondima te, na kozwaka etumbu na lolenge nioso kolandana na misala na bango na mokili oyo. Liboso na bango kokweya na Nkunda na Nse, bakomibongama mpona bomoi kati na mokili na milimo mabe mikolo misatona bisika na kozela.

Bandeke ya lolenge nioso na minoko minene mpe songe bakotobola milimo oyo. Bandeke yango bazali mabe mingi mpe nkele na bikelamo na molimo bikesana na ba oyo na mokili oyo.

Milimo mibikisama te misi mikabwani na banzoto na bango na boye, bokoki kokanisa ete bayokaka lisusu pasi te. Kasi, milimo wana mikoki kosala bango mabe mpo ete bandeke na bisika na kozela mizali mpe na molimo.

Tango nioso bandeke bakotobola milimo, ba nzoto na bango mizali kopasolama na makila mpe mizali kolongolama poso mpe lokola. Milimo mikomeka kobengana kotobolama na bandeke kasi mikoki te.

3. Ba etumbu mikesana kati na Nkunda na Nse mpona masumu mikesana

Sima na mikolo misato na bisika na kozela, milimo mibikisama te mikotindama na bisika na etumbu mikesana kati na Nkunda na Nse kolandana na masumu na bango kati na mokili oyo. Lola ezali monene mingi. Lifelo ezali mpe monene mingi ete ezali na bisika mingi mikabwana mpona koyamba milimo mibikisama tea ta na Nkunda na Nse, oyo ezali eteni na Lifelo.

Bisika na bisika na etumbu

Na koloba, Nkunda na Nse ezali molili mpe maimai, mpe milimo mikoki koyoka moto makasi kuna. Milimo mibikisama te mikonyokwama na kobetama, kotobolama, mpe kopasolama tango nioso.

Na mokili oyo, tango loboko to lokolo nay o ekatami, bosengeli kobika na yango ezangi. Tango bokufi pasi na minyoko mikolongwa na kufa na bino. Na Nkunda na Nse, kasi, soki bakati kingo nay o, kingo ekobota lisusu. Ata soki eteni na Nzoto na bino ekokatama, Nzoto na bino ekozongisama mobimba. Kaka lolenge bokoki kokata mai na mopanga na mino makasi to mbeli te, torture moko te, kotobola, to kokata nzoto na biteni biteni mikoki kosilisa pasi te.

Sima na bandeke kotobola bino miso mikozonga lisusu mobimba. Ata soki bozoki mpe mitshopo na bino mikosopana libanda, bokozongisama na kala te malamu. Makila na bino mikosopana na suka te na tango bozali konyokwama kasi bokoka kokufa kun ate mpo ete makila ekozonga lisusu kati na bino. Likambo oyo ekozonga na kotungisaka bino.

Tala tina ezali na ebale na makila miye mikowuta na

kotangisa na makila na milimo na Nkunda na Nse. Bokanisa ete molimo ekufaka te. Tango ezali konyokwama tango nioso libela na libela, pasi na ye ekotikala seko mpe lokola. Milimo mizali kosenga kufa kasi bakoki mpe epesameli bango te kokufa. Na minyoko miye mizanga suka, Nkunda na Nse etonda na bato konganga, koswa mino, mpe na solo na makila epola.

Kolela na pasi na motema na Nkunda na Nse

Nandimi ete basusu kati na bino bomona bitumba na mbala moko. Soki te, bokokaka komona pasi na kolela na bato kati na bitumba na bilili to documentaire na makambo na kala. Bqto nq bq potq bqwqlq bisikq nq bikq: Basusu babungisa maboko na makolo na bango. Miso na bango epanzana, ata biloko na kati na moto na bango misopana libanda. Moto moko te ayebi tango lokito na masasi ekokweila ye. Bisika wana etondisama na milinga na masasi oyo epekisaka moto kopema, solo na makila, komilela, na konganga. Bato bakoki kobenga bisika oyo "lifelo na mokili."

Kasi, bisika na pasi monene oyo na Nkunda nan se ezali mpenza pasi koleka bisika nioso na etumba na mokili oyo. Lisusu, milimo na Nkunda na Nse bakonyokwama kaka na minyoko na tango wan ate kasi na kobanga ya oyo ekoya.

Pasi elekeli bango mpe bakomeka kokima yango kasi na makoki te. Lisusu oyo ezali kozela bango, ezali kaka moto makasi mingi na sufulu na moto na mozindo na Lifelo.

Lolenge kani milimo mikoyoka mpe mikolela tango mikomona sufulu na moto na Lifelo, nakolobaka ete, "Nasengelaki kondima tango bazalaka koteya Sango Malamu...

Nasengelaki kosumuka te...! Kasi, ezali na libaku mosusu te mpe ezali na nzela na Lobiko te mpona bango.

4, Lucifer Mokambi na Nkunda na Nse

Moto akoki mpenza kokanisa lolenge mpe monene na etumbu na Nkunda na Nse. Kaka lolenge na konyokolama ekesanaka na mokili oyo, lolenge moko ekoki kolobama mpona Nkunda na Nse.

Basusu bakoki konyokwama mpona nzoto na bango kopola. Basusu bakoki komona nzoto na bango koliama mpe kotefunyama mpe makila komelama na ba nyama mike mike. Nde basusu bazali kofinama kati na mabanga na moto makasi mpenza to bakotikala na kotelema kati na zelo na moto na moto mbala sambo koleka zelo oyo na lisobe na mokili oyo. Na bisika mosusu, batindami na Lifelo bazali konyokola milimo. Ba lolenge na konyokola misusu ekotisi mai, moto, mpe makambo misusu oyo moto akoki kokanisa te.

Nzambe na bolingo Akambaka bisika oyo te mpona milimo mibikisama te. Nzambe Apesa milimo mabe mpifo na kokamba esika oyo. Okonzi na milimo mabe nioso Lucifer, akambaka Nkunda na Nse, bisika milimo mibika te lokola matiti na pamba mizalaka. Kuna ngolu to mawa ezalaka te, mpe Lucifer azalaka na bokonzi na makambo nioso mitali Nkunda na Nse.

Identite na Lucifer mokonzi na milimo mabe nioso

LIFELO

Ye Lucifer azali nani? Lucifer azalaka moko na banjelu bakonzi, oyo Nzambe Alingaka mingi mpe Abengaka ye "muana na kobima na moi" (Yisaya 14:12). Kasi ata bongo, atombokelaka Nzambe mpe akomaka mokonzi na milimo mabe.

Banje na Lola bazalaka na bomoto mpe na boponi te. Nde, bakoka te kopona makambo na boponi na bango moko mpe bakolandaka kaka mitindo lokola Lobo. Kasi, Nzambe Apesaka na mua baanje bomoto mpe Akabolaka bolingo na bango. Lucifer oyo Azalaka moko na banje oyo, azalaka mokambi na musiki na Lola. Lucifer Asanjolaka Nzambe na mongongo na ye kitoko mpe na biloko na misiki mpe asepelisaka Nzambe na koyembaka nkembo na Nzambe.

However, he gradually became arrogant because of God's special love for him and his desire to become higher and more powerful than God led him to rebel against Him in the end. Kasi, moke moke akomaka na lofundu mpo ete Nzambe Apesaka ye bolingo na motuya mpe mposa na ye ekomaki ete akoma likolo mpe na nguya makasi likolo na Nzambe, nde ememaki ye atombokela Ye na suka.

Lucifer challenged and rebelled against GodLucifer atelemeli mpe atombokeli Nzambe

Biblia elobeli biso ete ebele na banje balandaka Lucifer (2 Petelo 2:4; Yuda 1:6). Ezali na banje ebele na kotanga ten a Lola mpe pembeni na moko na misato na bango balandaka Lucifer. Bokoki kobanza boni ebele balandaka Lucifer. Lucifer atombokelaka Nzambe na Lolendo na ye.

Lolenge kani ebele na banje boye balanda Lucifer? Bokoki kososola oyo na pete soki bokanisi likolo na likambo eye banje bakotosaka kaka mitindo lolenge masini to ba lobo bakosalaka.

Yambo, Lucifer azwaka lisungi na ndambu na banje bakonzi, ba oyo bazalaka nan se na bokonzami na ye, nde boye balongaki ba oyo bazalaki nan se na bakonzi wana.

Na pembeni na banje, dalagona na ndambo na ba kerubi kati na bikelamo na moloiomo balandaka mpe Lucifer na botomboki na ye. Lucifer oyo atelemelaka Nzambe na bokomboki, na suka, alongamaki mpe akangemaki ye na balandi na ye kowuta na Lola bika wapi ye azalaka. Nde bakangemaki na Bozindo na libulu kino tango esengelaki na bango basalelama mpona koleka na moto nan se na moi.

"Osili kokweya longwa na Lola boni! E moto na ntongontongo, mwana na kobima na moi! Osili kokatama kino mabele boni! Yo oyo obukaki mabota. Olobaki na motema nay o ete, nakobuta epai na Lola koleka likolo na minzoto na Nzambe; nakokisa na kiti na ngai na bokonzi, nakofanda na ngomba na koyangana, na epai na likolo mosika; nakobuta na likolo na esika na mapata nakomizalisa lokola OYO ALEKI LIKOLO." Kasi okitisami na Nse kino esika na bakufi, kino bozindo na libulu (Yisaya 14:12-15).

Lucifer azalaka kitoko bonzenga likolo na kolimbolama na tango azalaka naino na Lola na bolingo na Nzambe esopanaka. Sima na botonboki nde akomaka mabe na nkele.

Lifelo

Bato oyo bamona ye na miso na bango na molimo balobaka ete Lucifer azali mpenza elongo mabe ete bokomona ye na botomboki kaka tango bokomona ye. Molili na suka ma ye mipakolama balangi lokola motane, pembe, na langi na moi, ekenda olikolo.

Lelo, Lucifer amemaka baton a kolanda ye na molato mpe lolenge na suki. Tango bato bakobinaka, bazalaka mpenza ye ye, nzunzu, mpe bilongi mabe, na kolakisaka misapi na bango.

Oyo mizali midele na ekeke oyo Lucifer akela mpe mizali kopanzana o nzela na bitando mpe lolenge na kobika na bato. Makambo mina mikoki kozokisa mitema na bato mpe komema bango na libungi. Lisusu, makambo mina ekokosaka bato mpona komema bango mosika na Nzambe mpe ata kowangana Ye.

Bana na Nzambe basengeli kokesana mpe bakweya na lolenge na mokili te. Soki bokokweya na lolenge na mokili, bokomema bolingo na Nzambe kati na bino mosika nnna bino mpo ete lolenge na mokili ekokamata motema na mabanzo na bino (1 Yoane 2:15).

Milimo mabe misala Nkunda na Nse bisika na somo

Na loboko moko, Nzambe na bolingo azali ye moko bolamu. Azali kobongisa makambo nioso mpona biso na mayele mpe makanisi ma Ye malamu mpe bosembo na Ye.

Ata na mokili oyo, na koleka na tango bato babimisa nba lolenge na lolenge na konyokola bato. Na tango Kore ezalaka na nse na kokonzama na Japon, baton a Japon bazalaka konyokola bakambi na kore ba oyo bazalaka koluka lipanda na kopikola manzaka na misapi to makolo na bango na eteni na bamboo moko na moko, Na tango bazalaki kokanga bango moto nan se mpe makolo na likolo mpe bakosopela bango mai na pilipili na miso na bango mpe kati na zolo. Solo mabe na mosuni na nzoto kobima wana ezalaki kopesa nkanda mpo ete bai Japon bazalaka kotumba biteni na ba nzoto na bango na mabende na moto. Mitshopo na bango mizalaka kobima libanda na lolenge bazalaka kobetama makasi.

Lolenge kani bato banyokala babomi na lisituale na Kore? Bakobalola lokolo na moyibi na lolenge na torture. Moyibi akangemaki minyololo matambe mpe na mabolongo nde ba nzete mibale mikotisamaki kati kati na mikuwa mibale nde. Mikuwa kati na mokolo naa moyibi mibukanaki na biteni biteni na lolenge motungisi aningisaki ba nzete mibale. Bokoki kokanisa pasi ya lolenge nini yango ezalaki?

Minyoko mipesamaka na bato mizali pasi mingi na lolenge makanisi mikomema biso. Bongo, lolenge nini pasi koleka mpe mawa ekezala tango milimo mabe na bwanya mingi na koleka mpe na makoki bakonyokola milimo mibikisama te? Ezali esengo na bango kobimisa ba lolenge ya konyokola na lolenge lolenge mpe kokotisa milimo mibikisama te kati na yango.

Tala tina bosengeli koyeba likolo na mokili na milimo mabe. Nde, bokokoka kokonza, kokamba, mpe kolonga bango. Bokoki kolonga bango na pete tango bozali komibatela bulee mpe petwa

69

na komitikaka na makambo na mokili oyo te.

5. Batindami na Lifelo Bazali ba Nani

Batindami oyo na Lifelo bakonyokoloka ba oyo babikisama ten a Nkunda nan se bazali ba nani? Bazali basinzili na banje oyo balandaka Lucifer na botomboki liboso na mokili oyo ebanda.

Na banje lokola, ba oyo babatelaki motindo na bango na liboso te kasi batikaki ezaleli na bango mpenza, asili kobatela bango na kanga na seko kati na molili kino kosambisama na mokolo yango monene (Yuda 1:6).

Banje oyo bakweya bakoki te kobima lolenge baling na mokili mpo ete Nzambe Akanga bango kati na molili kino esambiseli monene na Ngwende na Pembe. Bato misusu bakolobaka ete ba demona bazali banje bakweya kasi yango ezali solo te. Ba demona bazali milimo na ba oyo babikisama te oyo miwuta na Nkunda na Nse mpona kosala misala na bango nan se na makambo na lolenge moko boye. Nakolimbola yango na mozindo na Chapitre 8.

Banje oyo bakweyaka elongo na Lucifer

Nzambe Akanga banje bakwei kati na molili –Lifelo- mpona esambiseli. Bongo, banjelu bakwei bakoka te kobima na mokili oyo soko kaka mpona makambo masengeli bango kosala.

Bazalaka kitoko mingi kino mokolo oyo batombokela Nzambe. Kasi, batindami na Lifelo bazala soko kitoko soko mayele wuta bakweya mpe balakelama mabe.

Bazali mpenza bilongi mabe ete bokoyoka nkele na kotala bango. Bilongo na bango bizali lokola oyo ya bato, to bakomonana lokola ba nyama na somo.

Bomonani na bango mikokani na ba oyo na ba nyama mabe lokola ba ngulu bakomama kati na Biblia (Lewitiko 11). Kasi bazali na bilongi mabe miye milakelama mabe. Balatisa ba nzoto na bango na ba langi pamba pamba mpe biloko na pamba.

Balataka bibundeli na mabende mpe basapato na ba soda. Biloko na konyokola na mino makasi mitiama na ba nzoto na bango. Bazalaka mingi na mbeli, mopanga, to fimbo nna maboko na bango.

Bazalaka na lolenge na bokonzi mpe bokoki koyoka nguya na bango makasi tango bazali kotambola mpo ete bazali kolakisa nguya mpe mpifo na bango mobimba kati na molili. Bato bakobangaka mingi ba demona. Kasi batindami na Lifelo bazali somo koleka bango.

Batindami na Lifelo bakonyokolaka milimo

Nini mpenza ezali mosala na batindami na lifelo? Ya liboso ezali konyokola milimo mibika te lolenge bazali kokamba Lifelo.

Minyoko minene mikozela ba oyo na masumu minene kati na Nkunda na Nse na batindami na Lifelo. Ndakisa, motindami

LIFELO

na elongi mabe na ngulu, akokataka nzoto na molimo biteni mike mike to akotia yango mopepe lokola ndembo mpe akopanza yango to kobeta yango fimbo.

Na kobakisa, bakonyokola bato na ba lolenge na lolenge. Ata bana bakoki te kolongolama na minyoko. Nini ekolembisaka milimo na biso ezali ete batindami na lifelo bakotobola mpe bakobeta bana mpona lisano. Bongo, bosengeli kosala oyo bosengeli mpona kopekisa ata molimo moko na kokweya kati na Lifelo oyo ezali mabe, na mawa te, mpe bisika na somo etondisama na pasi mpe minyoko mosilaka te.

Nazalaka na pembeni na liwa na komitungisa mingi mpe na kosalaka mingi koleka na mbula 1992. Na tango wana, Nzambe Atalisaka ngai mingi na bandimi na lingomba na ngai bakolandaka lokolo na mokili oyo. Nalikiaka kozala mpenza na Nkolo kino tango namonaka likambo oyo. Kasi nalingaki lisusu te kozala na Nkolo mpo ete nayebaka ete mingi na ba mpate na ngai bakokweya na Lifelo.

Nde, nabongolaki makanisi na ngai mpe nasengaki na Nzambe kozongisa ngai na bomoi. Nzambe Apesaka ngai makasi na ngonga moko mpe na kokamwa na ngai, nakokakimkotelema na mbeto na ngai na bawei mpe nakomaki mpenza na nzoto malamu. Nguya na Nzambe ezongisaka ngai na bomoi. Mpo ete nayebi mpenza malamu likolo na Lifelo, nasakolaka noki noki sekele na Lifelo oyo Nzambe Alakisa ngai na elikya na kobikisa ata molimo moko.

Chapitre 4

Etumbu na Nkunda na Nse na Bana Babikisama te

1. Fetus mpe bana bakomela mabele
2. Bana mike mingi
3. Bana na mbula Ekoka mpona kotambola mpe koloba
4. Bana kobanda mbula motoba kino zomi na mibale
5. Bilenge oyo miwololaki Mosakoli Elisa

"...ya ekwela bango; tika ete bakita na bomoi kino esi... ...i, mpo ete mabe ezali na efandelo na bango mpe na mitema na bango."
(Nzembo 55:15)

"Abutaki longwa wana kino Betele; Ekendaki ye na nzela, bana mike babimaki na mboka, batukaki ye, balobaki na ye ete, buta, yo moto na libandi! Buta yo moto na libandi! Abongwanaki mpe atalaki bango, alakelaki bango mabe na nkombo na Yawe. Mpe ngombolo mibale basi babimaki na zamba mppe bapasolaki bana ntuku minei na mibale na bango."
(2 Bakonzi 2:23-24)

Na ba chapitre eleki, nalimbolaki lolenge nini mokweyi na anjelu mokonzi Lucifer akambaka Lifelo mpe lolenge nini banje basusu bakweya bakonzaka nan se na bokambi na Lucifer. Batindami na Lifelo banyokolaka milimo na mibika te kolandana na masumu na bango. Na momesano, etumbu na Nkunda na Nse ekabwana na biteni minei. Etumbu moke epesamaka na bato oyo mitema na bango ezikisama lokola na ebende na moto mpe baye batelemela Nzambe lokola Yudasi Iscariote asalaki na koteka Yesu mpona lifuti na Ye moko.

Na ba Chapitre elandi, nakolimbola malamu etumbu nini epesamelaka milimo mibika ten a Nkunda na Nse oyo ezalaka na Lifelo. Liboso na kozinda na etumbu oyo epesamelaka mikolo, nakolobela bitumbu na lolenge nini epesamelaka bana babika te na ba mbula ekesana.

Bana kati na libumu mpe ba oyo bazali komela mabele

Ata muana oyo ayebi kokanisa te akoki kokende na Nkunda na Nse soki alongi esambiseli na motema te mpo ete masumu kati na makila ma ye mikitani na baboti na ye bandimela te. Muana akozwa etumbu moke mpo ete lisumu na ye ezali moke tango epimami na oyo na mokolo kasi azali konyokwama na nzala mpe pasi na kokanga te.

Bana na mbula na mabele bazali kolela mpe bakonyokwama na nzala

Bana oyo bayebi naino kotambola to koloba te bakabola bango mpe bakangela bango na bisika monene. Bakoki kokanisa te, koningana te, to kotambola na banngo moko mpo ete bana oyo babikisama te babatelaka nzoto mpe motema moko oyo bazalaka na yango tango na kufa na bango.

Lisusu, bayebi te tina nini bazali na Lifelo mppo ete bazali na boyebi moko te oyo ekokangaka makambo na ba bongo na bango. Bazali kaka kolela nzala na momesano na koyebaka mama to tata na bango te. Motindami na Lifelo akotobola libumu na muana, loboko, lokolo, liso, manzaka na maboko to na makolo na eloko moko na songe oyo ekokani na likonga. Muana akobimisa kolela na konganga mpe motindami na Lifelo akoseka muana na esengo. Ata soki bazali kolela tango nioso, moto moko te akosunga bana oyo. Kolela na bango ekokoba na kolemba mpe na pasi makasi Lisusu batindami na lifelo bakosangana, bakopona muana moko, mpe bakofula mopepe kati na muana lokola ndembo. Bongo bakobwaka, bakobeta, to bakobanda kobeta beta muna mpona komisepelisa. Boni mabe mpe somo yango ezali?

Bana babwakama kati na ba zemi bayibama na bolingo mpe na bolamu

Nini ekomelaka ba foetuse oyo bakufaka liboso na mbotama? Lokola nasi nalimbolaka, mingi kati na bango babikaka kasi ezalaka na mua bokeseni. Bana misusu bakokaka kobika te mpo ete basalema na lolenge na mabe koleka oyo bazwa na baboti na bango ba oyo basalaka mpenza mabe na koleka. Milema na ba zemi ebikisama te mikangema mpe na bisika moko lokola ba oyo bazali na mbula na mabele.

Bakonyokolama lokola milimo na mikolo te mpo ete bazali na boyebi te mpe basala lisumu moko ten a tango na kufa na bango. Etumbu na bango na bilakeli mabe ezali ete basundola bango na bolingo mpe bolamu moko te oyo bazalaka koyoka kati na libumu na ba mama na bango.

Lolenge na ba Nzoto Na Nkunda na Nse

Milimo mibikisama te mizali na nzoto na lolenge nini na Nkunda na Nse? Na loboko moko, soki muana na mabele akufi, akokangema kuna na nzoto na bana na mabele. Soki oyo na kati na zemi akufi, akokangama na Nkunda na Nse na nzoto wana. Na loboko mosusu, milimo mibikisama na Lola mikozwa ba nzoto na sika na lisekwa na bozongi na mibale na Yesu Christu ata soki bazali na ba lolenge moko na lolenge na mokili oyo. Na tango wana, moto nioso akobongwama na nzoto kitoko na mbula 33 lokola Nkolo Yesu mpe akolata nzoto na molimo. Moto na mokuse akozala na molayi ekoka na molimo mpe moto oyo azangaki lokolo to loboko akozongisama eteni na nzoto na ye.

Kasi, milimo mibikisama te na Lifelo mikoki te kozwa nzoto na sika na lisekwa ata sima na bozongi na mibale na Nkolo. Bakoki te kosekwa mpo ete bazali na bomoi epesamaka na Yesu Christu ten de, bazali na ba olenge moko bazalaka na yango na tango na kufa na bango. Bilongi mpe banzoto na bango mizali lokola bibembe mpe na langi ya bleu oyo eyinda. _lokola bibembe_ mpe basuki na bango mipanzana mpona somo na Lifelo. Basusu balataka bilamba nna tin ate, basusu kaka biteni na elamba, mpe basusu bazali na eloko moko te mpona kobomba ba nzoto na bango.

Na Lola milimo mibikisama milataka bilamba kitoko milayi ya pembe mpe mintole na kongala. Na kobakisa kongala na bilamba milayi mpe kobongisama na yango mikeseni kolandana na nkembo na moko na moko mpe lifuti. Na bokeseni, na Lifelo, lolenge na milimo mibika te mikokesana kolandana na monene na masumu na bango.

2. Bana babandi kotambola

Bana babotami sika bakokola mpe bakoyekola kotelema, komeka kotambola, mpe komeka koloba mua maloba. Tango bango bakokufa, etumbu ya lolenge nini ekopesamela bango?

Bana oyo babandi komeka kotambola basangisamaka bisika moko. Bazali konyokwama na nzoto mpo ete bakokaka kokanisa mpenza te to kososola makambo na tango na kufa na bango.

Bana bazali komeka kotambola bakolela baboti na bango na somo koleka

Bana bazali kaka na ba mbula mibale to misato. Nde, bbazali ata kososola kufa na bango te mpe bayebi te tina nini bazali na Lifelo, kasi bazali kokanisa ba mama na ba tata na bango. Tala tina bazali kokoba na kolela, "Bozali wapi mama? Tata? Nalingi nakende ndako! Pona nini nazali awa?"

Tango bazalaka kobika na mokili oyo, ba mama na bango bayaka noki mpe bazalaka koyamba bango makasi na ba tolo na bango, tango na ndakisa bakweyaka to ba palolaki libolongo na bango. Kasi, ba mama na bango bazali koya kokitisa bango motema tea ta soki bangangi mpe bakolela tango ba nzoto na bango ekotondisama na makila. Bongo muana abungisi mama na ye na wenze to magasin akolelaka te?

Bakoki komona baboti na bango oyo bakobatela bango ten a Lifelo oyo na somo. Likambo oyo kaka ekobangisa mpona komema bango na somo eleka. Lisusu, mingongo mabe na kobangisa na koseka na batindami na Lifelo ekomemaka bana banganga na mpinzoli ata makasi kasi nso mizali pamba.

Mpona kolekisa tango batindami na Lifelo bazali kobeta mbata na mikongo na bana oyo, bakonyata mpe kobeta bango fimbo. Bongo bana, na nkamwa na pasi, bakomeka kokima bango. Bongo na bisika oyoetonda bato, bana na komeka kotambola bakoka kokima te mpe kati na kolela na miyoyo, bazali kotutana, bazali konyatama, mpe bakopalolama na kotangisaka makila bisika nioso. Onse na pasi na lolenge oyo, bana bakolelaka tango nioso mpo ete bakolikya ba mama na bango, bazali na nzala mpe bakobanga mingi. Bisika na lolenge oyo ezali Lifelo mpona bana.

Ezali pasi mingi mpona bana na mbula mibale to misato kosumuka malasi mpe koboma. Nakotalakka likambo oy te, bakonyokwama na lolenge oyo mpona mmasumu na bango na makila mpe oyo bakosalaka. Bongo lolenge kani mikolo ba oyo bakosalaka masumu makasi koleka bana, bakozwa etumbu kati na Lifelo?

Kasi, moto nioso akoki kozala nsomi na etumbu na Lifelo kaka soki andimeli Yesu Christu oyo Akufaka na ekulusu mpona biso mpe asikolaka biso, mpe abikaka kati na pole. Akoki kokambama kkati na Lola mona ete alimbisami na masumu n aka;a, na lelo, mpe na oyo ya lobi.

3. Bana na Mbula na kotambola mpe koloba

Bana, oyo babandi kotambola mpe koloba maloba mibale to misato, bakokimaka mpe bakolobaka malamu tango bakomi na mbula misato. Etumbu na lolenge nini bana oyo na mbula misato kino mitano bakozwa, bazwaka na Nkunda na Nse?

Batindami na Lifelo bakolandaka bango na Makonga

Bana kobanda mbula misato kino mitano bakabwana na bisika na molili mpe monene nde batika bango mpona kozwa etumbu kuna. Bakokimaka na makasi na bango nioso na bisika nioso bakoki mpona kokima batindami na lifelo oyo bakolandaka bango na likonga na ba songe misato. Batindami na lifelo bazali kolanda milimo na bana oyo, na kotobolaka bango na makonga lolenge mokangi nyama alandaka nyama na ye. Na suka, bana oyo bakokoma na lubwaku, mpe nan se na lubwaku bakomonna mai kotoka lolenge na volcan. Na ebandeli, bana oyo bakobanga kopimbwa na nse na lubwaku kasi bakotidikama mpo ete bazali kokima batindami na Lifelo oyo bazali kolanda bango. Bazali na boponi moko te.

Kobunda mpona kobima libanda na mai kotoka

Bana bakoki kokima kotobolama na makonga na maboko na batindami na Lifelo, kasi sik'awa bazali kati na mai na kotoka moto. Bokoki komona boni pasi yango ezali? Bana bakobunda bunda kozwa ata bilongi na bango likolo na main a moto, mpo ete ezali kokota na zolo mpe minoko na bango. Tango batindami bakomona bongo, bakotumbola bana na kolobaka ete: "Oyo ezali kosekisa te?" to "Oh, oyo ezali mpenza kosepelisa!" bongo batindami bakonganga ete, "Nani atika bana oyo bakweya kati na Lifelo? Tika tomema baboti na bango o nzela na Lifelo, mama bango awa tango bakokufa, mpe tika bango batala bana na bango koyoka pasi mpe konyokwama.

Kaka wana, bana oyo bazali konyokwama mpona kokima main a mooto bakokangema na moloba monene lokola mbisi mpe bakobwakama na bisika na bango na ebandeli wapi babandakka kokima. Kobanda tango oyo, pasi na kokima na banna oyo mosika na batindami na lifelo kolandaka bango na makonga mpe kopinbwa na bango na mmai na moto kotoka ekobandelama tango na tango na suka te.

Bana oyo bazali kaka na ba mbula misato kino mbula mitano; bakoki kokima mpenza malamu te. Kasi, bazali komeka komeka mbangu na koleka na lolenge bakoki mpona kokima kolandana na batindami na lifelo oyo bazali kolanda bango na makonga mpe bakopimbwa na lubwaku. Bakokika na main a moto ekotoka mpe lisusu bakonyokwama kobima libanda na yango. Bakokamgama na moluba monene mpe bakozongisa bango na bisika na ebandeli. Likambo oyo ekozongela na suka te. Boni pasi mpe mabe yango ekozala. Bosi bozikisa lisapi na bino na ebende na moto to nzungu nna moto? Bokoki koyeba boni moto mpe pasi ezalaka. Sik'awa bobanza nzoto na bino mobimba kati na mai na moto, to bobwakami kati na nzungu na mai ya moto. Ezali pasi na somo ata mpona kokanisa yango.

Soki bozika na degree ya misato, bokoki kokanisa malamu boni pasi mingi ezalaka. Bokoki mpe kokanisa pasi na poso na kati, solo na poso eziki, mpe solo mabe makasi na poso na kopola oyo ezikaki.

Ata soki bisika oyo ezikaki ebiki, bilembo mabe emesana na kotikala. Bato mingi bazalaka na kokoso na koyangana na bato na bilembo oyo. Tango mosusu, ata banndeko na libota na ye bakoyokaka pasi mpona kolia na ye elongo. Na tango na kobelisa, moziki akoka kokanga pasi na poso ezika, mpe tango mabe, moziki oyo akoki kotalisa mpona pasi na nzoto kokangama oyo eyaka nna kobelisa. Soki mwana anyokwami na kozika, mitema na baboti na ye mikoyoka mpe pasi.

Kasi kozika makasi moleka na mokili oyo ekoki te kokokisama na etumbu na milimo na bana oyo babandi kotambola bazwaka na Lifelo na kobandela kino suka te. Monene na pasi mpe nkanda na bitumbu mipesamelaka bana oyo na lifelo ezali likolo na nioso tokoki kokanisa.

Bisika moko te mponna kokima to kobatama na bitumbu oyo bikozongaka zongaka

Bana bazali kokima mpe kokima mpona kokima batindami na Lifelo oyo bazali kolanda bango na makonga na snge misato na maboko na bango, mpe bazali kozinda kati na mai na kotoka na moto na lubwaku oyo ezangi nzela na kobima. Bazindi mpenza kati na main a moto. Mai na kotoka na moto ekangemi na ba nzoto na bango lokola main a volcan mpe ezali kolumba solo mabe. Lisusu, mai na botomboki ekota na ba zolo mpe minoko tango bazali kobunda bunda mpona kobima

Bana wana bazangi bososoli nanzoto tea ta soki bazali kozongela na konyokolaka bango na kopema te. Bakoki kobela liboma te, kokoka kobosana to komesana na pasi ata na ngonga moke te, to komiboma mpona kokima pasi na lifelo te. Boni pasi yango ezali!

Wuta kokelama na mokili, milimo na bato mingi ba oyo babikaka te batangisaka makila na bango na tango bazali konyokwama makasi mingi na Nkunda na Nse. Ebele na makila oyo bango batangisa mingi kowuta na makolo na maboko na bango, ezongaka mibimba sima na kokatama?

Ebele na makila na bango ekoka mpona kokela ebale mpo ete etumbu na bango ezongaka na suka ten a kotalaka te mingi na makila mitanga. Ata na mokili oyo, sima na etumba makasi to kobomama. Makila na bato ekomaka libeke moke to ebale moke. Na makambo oyo solo mabe ebimaka na makila ezali kopola. Na tango ya moi makasi, solo ezalaka mabe koleka, mpe ba nyama ya lolenge nioso mpe bokokno ebe epanzanaka,

Na Nkunda na Nse na Lifelo, ezali na libeke moke te to ebale moke kasi ebale monene mpe na mozindo na makila. Bana na mbula motoba kino zomi na mibale bakozwaka etumbu na zelo pembeni na ebale, mpe bakundama kuna. Monene na lisumu basalaka, mpe pene pene bango bakozala na ebale mpe bakokundama na mozindo koleka.

Kotimbola mabele

Bana oyo bazali mosika na ebale na makila bakundama na

mabele te. Kasi, bazali mpenza na nzala ete bakokobaka na kotimbola mabele maksi na maboko na bango mpenza na kolukaka eloko ya kolia. Bakotimolaka na pamba kino tango bakobungisa manzaka na maboko na bango mpe ba songe na misapi na bango mikobeba. Misapi na bango mibebisama na eteni na kati kati na lolenge na yango na kozala mpe ekotangisaka makila. Ata mikuwa nan a misapi na bango mikomonana. Nde, maboko na bango mpe misapi na bango mikobebisama. Kaasi, ata pasi oyo, bana oyo batindikami na kotimbola na elikya na lokuta na kozwa bilei.

Na lolenge bokopusana pembeni na ebale, bokoki na pete kososola ete bana bazali mabe koleka. Na ebele na mabe muana akozala na yango, ye akotiama penepene na ebale. Bakobundaka ata kati na bango mpona kolia mosuni na mosusu na nzala makasi mpenza tango bakundami kino lokoto na bango kati na mabele.

Bana na mabe koleka bazali kozwa etumbu na bango mbala moko pembeni na ebale mpe bakubndami nzoto mobimba na mabele kino na kingo. Baton a mokili oyo bakokufa solo soki bakundami kino na kingo na mabele, mpo ete makila ekoka kotambola kati na nzoto te. Likambo ezali ete ezali na kufa te kaka milelo mizanga suka mpona milimo mibikisama te kati na Lifelo.

Bakonyokwama na ba solo mabe na ebale. Ba nyama na koyokisa pasi lokola ba ngungi to ba nzinzi oyo bawuti na ebale bakoswaka bilongi na bango kasi bakoki kobengana bango te mpo ete bakangemi kati na mabele. Suka suka, bilongi na bango mikovimba na lolenge oyo bakoyebana lisusu te.

Bana na pasi: bisakaneli na batindami na lifelo

Kasi oyo ezali suka na pasi na bana oyo te. Matoyi na bango mikoki kotoboka mpona koseka makasi na bana na batindami na Lifelo lolenge bazali kotikala na penepene na ebale, kosekaka mpe kosololaka. Batindami na Lifelo tango bazali kopema, bazali mpe koniata to kofandela mitu na bana oyo bakundami kati na mabele.

Bilamba mpe basapato na batindami na lifelo etiama biloko na kozokisa. Nde, mitu na bana mizali koniatama, bilongi na bango kopanzana to basuki na bango kopikolama tango batindami na lifelo bakoniata to kofandela bana oyo. Lisusu, batindami bakopalola bilongi to koniata mitu na bango nan se na makolo. Boni etumbu makasi yango ezali?

Bokoki komituna ete, "Ekoki bongo kosalema ete bana na kelasi na primaire basala masumu mpona kozwa etumbu na lolenge oyo?" Kasi bana mike bakoki, bazali na lisumu na makila mpe masumu basalaka bango moko. Mobeko na molimo, oyo elobaka ete "lifuti na lisumu ezali kufa," ekatelamaka moto nioso na kotalaka mbula na ye te.

5. Bana oyo bazomelaka Mosakoli Elisa

2 Bakonzi 2:23-24 etalisi likambo wapi Mosakoli Elisa na Yericho akendaka na Betele. Lokola moosakoli azalaka kotambola na nzela, bana moko bilenge bawutaka na engomba mpe bazomelaki ye, kolobaka ete: buta yo moto na libandi, buta yo moto na libandi! Nakokoka kokanda lisusu motema te, Elisa na suka alakelaka mabe bana. Bangombolo mibale na basi babimaka na zamba mpe bapasolaka bana ntuku minei na mibale na bana oyo. Nini bakanisi ekomela bana oyo ntuku

minei na mibele kati na Nkunda na nse ?

Bakundama kino ba kingo na bango

Bangombolo mibale bapasolaka bana ntuku minei na mibale. Bongo bokoki kokanisa boni bana boni balandaki mpe bazomelaka Mosakoli. Elisa azalaka mosakoli oyo atalisaka misala mingi na nguya na Nzambe. Na maloba misusu, Elisa akokaki kolakea bango mabe te soki batukaka ye kaka na maloba moke.

Bakobaki na kolanda mpe koseka ye, nakolobaka ete, "Kenda, yo moto na libandi!" Lisusu, babetaki ye mabanga mpe batsubaki ye ba nzete. Mosakoli Elisa apamelaki bango makasi mpe atelemelaki bango mpenza, kasi alakelaka bango mabe kaka mpo ete bazalaka mpenza mabe mingi mpona kolimbisama.

Makambo oyo esalema na ba nkoto ebele na ba mbula tango bato bazalaka na mitema malamu mpe mabe elutaka lokola na ekeke na biso te. Bana oyo basengelaka kozala mabe koleka mpona kotiola mpe kozomela mobange na mosakoli lokola Elisa, oyo atalisaka misala na nguya na Nzambe.

Na kati na Nkunda na Nse, bana oyo bazali kozwa etumbu pene pene na ebale na makila tango bakundami kino na ba kingo na bango. Bazali konyokwama na ba solo mabe na ebale, mpe bazali koswama na ba nyama mike na lolenge nioso lokola. Na kobakisa, bazali konyokwama makasi na batindami na lifelo.

Baboti basengeli kopamela bana na bango

Bana na ekeke na biso bazali na bizaleli nini? Basusu bakotikaka baninga na bango kati na malili, bakozwa misolo to bilei na bango, bakobeta bango, ata kotumba bango na eteni na makaya- nioso mpo ete mpo ete balingaka bango te. Bana misusu bazali ata komiboma mpo ete bakoki lisusu kondima minyokoli mpe mitungisi na lolenge oyo. Bana misusu bakobamdaka masanga na bitumba tango bazali kaka na kellasi na primaire, mpe bazali ata koboma bato, na kolandisaka ba gangi minene.

Na bongo baboti basengeli kokolisa bana na bango na lolenge na kopekisa bango na kolandaka makambo na mokili oyo kasi kokamba bango na kobanda mpe kobika bomoi na bosembo, na kobangaka Nzambe. Boni boni, bokokamwa soki bokoto Lola mpe bokomona bana na bino konyokwama na lifelo? Ezali nkele ata kobanza yango.

Boye bosengeli kokolisa bana na bino wa motuya na kobikaka kati na kondima kolandana na solo. Ndakisa, bosengeli kolakisa bana na bino batambola to bakima kati na mayangani te, kasi babondela mpe basanjola na mitema na bango mibimba, makanisi, mpe milema. Ata bana mike, ba oyo bakoki kososola nini ba mama na bango balobi te, bakolalalaka malamu na kolelaka te kati na mayangani tango ba mama na bango bazali kobondela mpona tina na bango mpe bakokolisa bango kati na kondima. Bana oyo mpe, bakozala na lifuti mpona bizaleli na bango kati na Lola.

Bana kobanda mbula misato bakoki kosanjola mpe kobondela tango baboti balakisi bango ete bakomisa yango momesano. Kolandana na mbula, mozindo na mabondeli ekoki kokesana. Baboti bakoki kolakisa moke moke bana na bango bamatisa tango na bango na mabondeli, toloba ete, wuta na minite mitano komata na zomi, na ntuku misato, kino ngonga moko, mpe bongo na bongo.

Kasi ata bolenge na bana wana ezali boni, soki baboti balakisi bango liloba kolandana na ba mbula na bango mpe lolenge na bango na kososola, mpe bakomemaka bango babika kolandana na yango, bana bakomeka mingi na makasi mpona komikotisa kati na Liloba na Nzambe mpe babika na lolenge oyo esepelisaka Ye. Bakotubela mpe bakoloba masumu na bango na main a miso tango Molimo Mosantu Akosala Kati na bango. Nasengi na bino bolakisa bango malamu nani Yesu Christu Azali mpe bomema bango na kokolisa kondima na bango.

Chapitre 5

Bitumbu mpona ba oyo bakufi sima na bolenge moke

1. Etape ya liboso na etumbu
2. Etape ya mibale na Etumbu
3. Etumbu na Falo
4. Etape ya misato na Etumbu
5. Etumbu na Ponce Pilato
6. Etumbu na Saulo Mokonzi way ambo na Yisalele
7. Etape ya minei na etumbu na Yudasi Isacariote

"Lipombo na yo ekitisami na esika na bakufi mpe makelele na bisika na bibetelona nsinga na yo; nkiso ezali mbeto nan se na yo, mpambo ezali kozipa yo." *(Yisaya 14:11)*

"Lokola lipata esilisami mpe ekolimwa, bongo ye oyo akokita na ewelo akoya likolo lisusu te." *(Yobo 7:9)*

Nani nani ye oyo akokota Lola akozwa mafuti mingi mpe nkembo kolandana na misala ma ye na bomoi oyo. Na loboko mosusu, bitumbu na ndenge na ndenge mikopesama na Nkunda na Nse likolo na moto kolandana na misala ma ye mabe na bomoi oyo. Baton a Lifelo bakonyokwamaka na ba pasi mikowumelaka, mpe makasi na minyoko mpe pasi ekesene na moko na moko kolandana na misala na bango na bomoi oyo. Moto, ezala asuki na Lola to lifelo, akobuka oyo ye alonaki.

Kolandana na ebele na mabe bosalaki, mozindo na lifelo mpe bokokota, mpe na bozito na masumu na bino, pasi na bino mpe ekozala makasi na lifelo. Kolandana na lolenge nini motema na moto ekesanaki na Nzambe- na maloba mosiusu, lolenge kani moto akokani na lolenge na masumu na Lucifer- makasi na etumbu ekokatelama kolandana na yango.

Bagalatia 6:7-8 elobeli biso ete "Bomizimbisaka te, Nzambe Akosamaka te; soko moto akolona nini akobuka kaka yango. soki akolona nzoto akobuka libebi kati na nzoto; nde ye oyo akoblona kati na molimo akobuka bomoi na seko na nzela na molimo." Na lolenge oyo, bokobuka solo oyo bolonaki.

Etumbu nini bato oyo bakufi sima na bolenge moke bakozwa kuna na Nkunda na Nse? Na chapitre oyo, nakolobela bitape minei na bitumbu kati na Nkunda na Nse mipesanaka na milimo kolandana na misala na bango na bo ooi oyo. Na bisika mosusu, bososola ete nakoki te kopesa ba ndakisa minene mpo ete minene na kobanga mikobakisama kati na oyo bozali na yango.

LIFELO

1. Etape ya liboso na etumbu

Milimo misusu mimemani na makasi kotelema na zelo oyo ezali mbala sambo moto koleka zelo na moto koleka na lisobe to pene pene na main a mokili oyo. Bakoki kokima minyoko te mpo ete ezali lokola bafinami kingo na kati kati na lisobe monene.

Bosi botambola kati na zelo namoto ekozikisaka, makolo ngulu, na tango na molunge makasi? Bokoka kokanga pasi wan ate ata soki bolingi kotambola kati na zelo pembeni na ebale na tango na moi makasi, mpona miniti zomi to zomi na mitano. Zelo na bisika na moi makasi na mokili oyo mizalaka kutu moto koleka. Batela kati na bongo na bino ete zelo na Nkunda na Nse ezalaka mbala sambo moto koleka zelo ya moto koleka na mokili oyo.

Na tango na mobembo na ngai na Mabele Esantu, bisika na kozwa tukutuku, namekaka kokima na nzela na prince kino na maai monene ekufa. Nabandaka kokima mbangu na bandeko mibale ba oyo bazalaki kotika ngai na mobembo. Na ebandeli, ezalaki na pasi moko te kasi na kati kati na nzela, nakokaki koyoka lokola kozika na makolo. Ata soki tolingaki kokima minyoko, ezalaki na esika moko te ya kopema; Na ngambo na ngambo na nzela ezalaki na mabanga mike, miye mizalaki mpe moto.

Tosukaki na kokima na bisika mosusu na nzela, na bisikawapi tosengelaki kozindisa mpe kofandisa makolo na biso na liziba na mai malili na liziba. Libaku malamu, moko te kati na biso azikaki. Kokima mbangu oyo esalaki kaka minite zomi kasi ekokaki mpona komema pasi makasi.

Ezali na molimo mosusu oyo ezali konyokolama na lolenge

mosusu. Azali kotindikama na kolala likolo na libanga monene, oyo ekomisama moto makasi, mpe azali kozwa etumbu na kotumbama kino suka te. Likambo yango emonani lokola mosuni ezali kolambama na motalaka na moto. Kaka wana, libanga mosusu na moto makasi ekokitisama na nzoto na ye. Na kofina yango mpe biloko nioso na kati na yango. Bokanisa elamba na lolenge nioso bokotiela felo: mesa na korepaser ezali libanga bisika elamba- molimo ebunga- elalisami, mpe ebende ezali libanga na mibale oyo ezali kofina molimo.

Moto ezali eteni moko na konyokolama; Biteni na nzoto konyefolama ezali mosusu. Ba pomon mifinani na biteni biteni na presion kati kati na mabanga. Makasi na yango ezali na kokoka mpona kobimisa mikua na loketo mpe mitsiopo. Tango mokua na moto efinani, miso mokobima libanda mpe mafuta nioso kati na moto mikosopana.

Lolenge kani pasi na ye ekoki kotalisama? Ata soki azali molema na lolenge na nzoto te, akoki koyoka mpe komona minyoko na monene lolenge ayokaka na bomoi na ye. Azali na pasi ewumelaka. Elongo na pasi na milimo misusu mikonyokwama, molimo oyo, ekangemi na bobangi mpe somo na ye moko, akomilela mpe akonganga ete, "Lolenge nini nakoka kokima pasi oyo?"

Etape na mibale na etumbu

Na nzela na lisolo na mozwi na Lazalo na Luka 16: 19-31, tokoki komona eteni na pasi na Nkunda na Nse. Na nguya na Molimo Mosantu nayoka komilela na moto konyokwama kati na Nkunda na Nse. Na koloba tubela eye, Nabondeli ete bokolamuka na mpongi na bino na molimo.

Namemami awa mpe kuna kati na bisika oyo kasi suka ezali te. Nazali kokima mpe kokima kasi suka ezali te. Bisika moko te nakoki komona bisika na kobatama. Poso na ngai na nzoto elongolami na bisika oyo etondisami na solo mabe koleka nioso.
Ba nyama mike bazali kolia mposo na ngai. Nazali komeka kokima mpe kokima mosika na bango, kasi nazali kaka bisika moko.

Bazali komeka kolia nzoto na ngai; bazali komela makila na ngai. Nazali kolenga na somompe kobanga. Eloko nini esengeli na ngai kosala? Na bolinbisi nabondeli yo oyebisa bango nini ezali kokomela ngai

Nakoki kaka komilela. Ezali mpamba koluka ebombelo. Bazali kopalola mokongo na ngai.
Bazali kosua maboko ma ngai.
Bazali kolongola poso na ngai.
Bazali kolia misisa ma ngai. Bazali komela makila ma ngai. Tango oyo esili, nakobwakama kati na libeke na moto.
Eloko nini nasengeli kosala?

Ata soki na ndimelaka Yesu lokola Mobikisi na ngai te, nakanisaka été nazalaka moto na motema malamu.

Kino tango nabwakamaka kati na Nkunda na Nse, Natikala kososola te ete nasala masumu ebele boye!
Sik'awa nakoki kaka komilela mpona makambo oyo ngai nasalaki.

Na bolimbisi, sala ete bato lokola ngai bazala te.

Bato mingi awa, tango bazalaka kobika, bakanisaka ete bazalaka kobika bomoi malamu. Kasi bazali bango nioso awa.
Bamingi bakotatolaka ete bandimela mpe bakanisaka ete bazali kobika kolandana na mokano na Nzambe bazali mpe awa, mpe bazali konyokwama makasi koleka ngai.Nakolikya ete nakokaki kokweya mpona kobosana minyoko ata mpona mbala moko kasi, nakoki te. Nakoki kopema te ata soki nakangi miso na ngai.
Tango nafungoli miso na ngai, eloko moko te ekoki komonana eloko moko te ekoki koyebama,
 Tango nazali kokima kuna mpe awa nazali kaka na esika moko.
Nini nakoki kosala?
Nini esengeli na ngai kosala?

Nabondeli yo, na bolimbisi sala ete ezala na moto moko te oyo akolanda na makolo na ngai!

Molimo oyo ezali mua moto malamu, na kopimama na ba mingi kati na Nkunda na Nse. Azali kobondela Nzambe Atika bato mosusu bayeba nini ezali kokomela ye. Ata na pasi makasi boye, Azali komitungisa likolo na milimo oyo bakoki kosuka kuna. Lolenge mozui asengaki mpo ete bandeko na ye bakebisama mpo ete baya mpe na bisika oyo na minyoko te," molimo oyo mpe ezali kolelela Nzambe (Luka 16).

Kasi, ba oyo bakokweya na etape na misato to na minei na bitumbu kati na Nkunda na Nse bazali na bolamu moko te. Nde, bakotelemela Nzambe mpe bakopamela kaka basusu.

3. Etumbu na Falo

Falo mokonzi na Ejipito oyo atelemelaka Mose, azali kozwa etape na etumbu na mibale, kasi monene na etumbu na ye eleki oyo na misato.

Maben a lolenge nini Falo asalaka na bomoi oyo mpona kozwa etumbu na lolenge oyo? Pona nini atindamaka na Nkunda na Nse?

Tango bai Yisalele banyokwamaka lokola baumbo, Mose abiangamaka na Nzambe mpona kobimisa baton a Ye libanda na Ejipito mpe amema bango kati na mabele na elaka na Canana. Mose akendaka epai na Falo mpe ayebisaka ye ete atika bana na Yisalele babima na Ejipito. Kasi, na kososolaka talo na mosala makasi na bai Yisalele, Falo aboyaka kotika bango bakende.

Na nzela na Mose, Nzambe Akitisaka bitumbu zomi epai na Falo, bakonzi na ye, mpe bato na ye. Mai na Nile ebongwanaka makila. mbemba, sili, mpe nzinzi batondaki na mabele. Lisusu, Falo na bato na ye banyokwamaka na pasi likolo na ba nyama, etumbu na mbuma na mpota, na nzinzi, batondaki o mboka na ye. Tango nioso bazalaka konyokwama na likama Falo azalaka kolaka Mose ete, akotika bana na Yisalele balongwa na Ejipito, kaka mpona kopekisa likama ekolanda. Kasi, Falo azalaka tango nioso kobuka boyokani na ye mpe akomisaka motema na ye libanga, sima na tango nioso Mose abondelaka epai na Nzambe mpe Nzambe Alongolaka mabe kati na mboka. Suka suka Falo atikaka bana na Yisalele bakenda, kaka sima na mobali nioso mobotamaka muana na liboso na Ejipito, banda muana na Falo kino na oyo na moumbu. Ata babotami nioso na liboso na bibwele bakufaka mpe lokola.

Kasi, kala te sima na likama na suka, Falo abongolaki lisusu makanisi na ye. Ye na mapinga ma ye babandaka kolanda ba Yisalele, ba oyo bazalaki pene pene na mai monene na monana. Bai Yisalele babangaka mpe balelaka epai na Nzambe. Mose atombolaka lingenda na ye mpe asembolaki loboko na ye na mai monene monana. Nde, likamwa esalemaki. Mai motane ekabolamaki na biteni mibale na nguya na Nzambe. Bai Yisalele bakatisaki mai monene monana na zelo ekauka mpe ba Ejipito balandaka bango kati kati na ebale.Tango Mose asembolaka liboko na ye lisusu likolo na mai monene na ngambo mosusu na mai monene "Mai ezongaki mpe ebombaki makalo mpe bato na mbalata mpe ebele nioso na Falo babilaki bango kati na mai monana. Ata moko te kati na bango atikalaki" (Esode 14:28).

Kati na Biblia, ba mingi na bakonzi na bapagano bandimelaka mpe bangumbamelaka Nzambe. Kasi, Falo azalaka na moto libanga, ata ete amonaka nguya na Nzambembala zomi. Lokola lifuti, Falo akweyaka kati na likama makasi lokola kufa na muana na ye nakoulutu oyo asengelaki kofanda na kiti na ye na mokonzi, kobebisama na mapinga ma ye, mpe kobebisama na ekolo na ye.

Na mikolo oyo bato bayokak likolo na Nzambe na nguya mpe na mbala moko bakomonaka nguya na Ye. Kasi, bazalikokembisa mitema na bango moko lolenge Falo asalaka. Bazali kondimea

Yesu lokola mobikisi na bango moko te. Lisusu, bazali koboya kotubela masumu na bango. Nini ekokomela bango soki bazali kowumela kobika na lolenge oyo bazali sasaipi? Solo, bakozwa etape na etumbu na lolenge moko na Falo na Nkunda na Nse. Nini ezali kosalemela Falo kati na Nkunda na Nse?

Falo akangema kati na mai na salite

Falo akangema kati na liziba na mai na nyei, oyo etondisama na solo. Nzoto na ye akangema na kamba kati na liziba, nde akoki koningana te. Azali ye moko te kasi ezali na milimo misusu miye mikangemi mpona masumu na lolenge moko. Ki mokonzi na ye epesi ye bozali malamu te kati na Nkunda na Nse. Kutu, mpo ye azalaki na nguya, lolendo, mpe basusu basalelaka ye, mpe abikaka kati na bozui, batindami na lifelo bazali koseka mpe konyokola Falo mingi mpenza.

Liziba bisika Falo azali ezali kaka na mai na nyei te. Bosi bomona banzoto oyo mizali kopola mpe biloko oyo epola kati na mai? Bongo ndenge nini mpona ba libongo bisika ba masuwa mitiamaka? Eloko na bomoi ekoki kozala kuna te. Na ba Bisika oyo etondisamaka na gasoil, bosoto, mpe solo mabe. Soki bosengelaki kozindisa maboko na bino kuna, bokomitungisa été poso na nzoto na bino ebebisama na biloko nioso na nkele kati na mai.

Falo akangema kati na bisika oyo. Na kobakisa, liziba oyo etondisama na ba nyama mingi oyo batambolakalaka. Bazali lokola mosopi kasi na monene koleka.

Banyama bazali kolia na bisika na poso elemba kati na nzoto

Ba nyama oyo bakopusana pembeni na milema mikangemi kati na liziba, mpe bakobanda kotobola na bisika elemba lakasi kati na ba nzoto na bango na yambo. Bakolia miso, mpe na nzela na lidusu na liso, bakokota na kati na mokoa na moto mpe bakobanda kolia bongo. Bokoki kokanisa pasi na lolenge nini ezali? Na suka, bakolia eloko nioso kobanda moto kino makolo. Na nini tokoki kopima pai oyo?

Pasi na lolenge nini tango mputu;u ekotaka na miso na bino? Boni boni pasi ekozala tango ban yama mike mike bakolia miso na bino? Bondimi été bokoki kokanga pasi tango bango bakokota na kozondi kati na nzoto na bino?

Sik'awa, toloba ete tonga ekoti nan se na manzaka na bino mpe ezali kotobola misapi na bino. Ba nyama mana bakokoba na kolongola poso na nzoto na bino mpe moke moke kolia misisa kino mikuwa mikotalisama. Ba nyama mana bakusuka namaboko na bino te kasi bakomata noki boki na likolo na maboko kino mapeka mpe bakokota na ntolo, makolo, mpe koleka. Molimo mokangemi akokanga minyoko mpe pasi oyo mikolandaka.

Ba nyama bakotsubakatsubaka misopo

Basi mingi tango bamonaka misopi, bakobangaka, moke balingaka kosimba bango. Bokanisa, sik'awa, banyama mabe koleka oyo mileki misopi na minene bakotsubaka milimo mikatelama. Bongo milimo mikatelama mikoki te kobundisa bango. Yambo ba nyama oyo bakobanda kotobola nzoto bisika na tolo, elandi bakobanda kolia nzoto na bango kobanda kati na moto na biloko nioso na kati. Nde bakomela mai kati na bongo. Na makambo nioso oyo, molimo mokangema akoka te kobundisa bango, to koningana, to kokima bango.

Banyama bakokoba na kolia bango moke moke, Na lolenge molimo ekotala biteni na nzoto na yango kotobolama mpe koliama. Soki tokozwa monyoko na lolenge oyo ata mpona minite zomi, tokokoma liboma. Moko na milimo kati na bisika mabe oyo ezali Falo, oyo atelemelaka Nzambe mpe Mosali na Ye Mose. Azali konyokwama na pasi oyo na tango azali mpenza kotala, na kotalaka mpenza biteni na nzoto na ye koliama mpe kotobolama.

Sima na ba nyama kolia nzoto na moto, yango ezali suka na konyokwama? Te. Na tango moke, biteni na nzoto mipalolamaki mpe miliamaki mikozonga mobimba na nzoto, mpe ba nyama bakozongela noki noki molema wana, na kotobola biteni na biteni na nzoto na ye. Ezali nakotika te mpe suka te na yango. Pasi ekokitaka te mpe akomesana na yango te- bongo akokangema- kati na minyoko.

Yango lolenge mokili na molimo esalaka. Na Lola, soki muana na Nzambe alei mbuma na nzete, mbuma wana ekozonga mbala moko. Lolenge moko, na Nkunda na Nse, nakotalaka te mbala boni to lolenge nini ba nyama wana bakolia biteni na nzoto, biteni nioso na nzoto na bino mikozonga mbala moko sima na kokweya mpe kobebisama.

Ata soki moto abikaki bomoi na sembo mpe na motema malamu

Kati na bato sembo ezali na ba oyo bakolingaka te to bakoponaka kondimela Yesu na Sango Malamu te. Na libanda, bakomonan malamu mpe bakoka, kasi bazali malamu mpe na kokoka te kolandana na solo.

Bagalatia 2:16 ezongisi biso na bongo ete""Yeba ete moto akolonga na nzela na mibeko te kasi na nzela na kondima Christu Yesu. Biso mpe tosili kondima Christu Yesu tolongi mpona kondima Christu mpe pona Mibeko te.Pamba te moto ata moko te akolonga na Mibeko." Moto na sembo azali oyo akoki kobika mpona nkombo na Yesu Christu. Kaka wana, nde masumu ma ye nioso makoki kolimbisama o nzela na kondima na ye na Yesu Christu. Koleka, soki andimeli Yesu Christu, akotosa solo Liloba na Nzambe.

Ata ete misala na kokela na Nzambe mizali mingi na univer mpe bikamwa na nguya na Ye mitalisama o nzela na basali na Ye, soki nani nani azali kobeta tembe na bo Nzambe na Nzambe, azali eloko te kasi kaka moto mabe na motema libanga.

Na makanisi na ye moko akoki kobika bomoi malamu. Kasi, soki akokoba na kowangana Yesu lokola Mobikisi na ye moko, azali na bisika moko te ya kokende soko lifelo. Nde, mpo ete baton a lolenge oyo babika bomoi malamu mpe na sembo koleka bato mabe oyo basala masumu mingi mpo ete balingaki na kolandana mposa mabe na mitema na bango, bakozwa etumbu na liboso soko na mibale kuna kati na Nkunda na Nse.

LIFELO

Kati na ba oyo bazali kokufa na kozanga ata libaku na koyamba Sango Malamu, soki bazangi koleka esambiseli na motema, mingi kati na banggo bakozwa bakozwa etumbu na etape na liboso to na mibale. Mpe, molimo oyo azali kozwa etumbu na etape na misato soko na minei kati na Nkunda na Nse, bokoki kotala ete, basengelaki kozala mabe na koleka basusu.

Etape na misato na Etumbu

Etape na misato mpe na minei na bitumbu mibongisami na ba oyo batelemela Nzambe, bateka mitema na bango, batukaka mpe batiolaka Molimo Mosantu, batelemelaka kobanda na bofuluki na bokonzi na Nzambe. Lisusu, moto nioso oyo abenga egelesia na Nzambe "lipengwi" na kolakisa yango te, mpe bakozwaka etumbu na misato to na minei.

Liboso na kozinda kati na etumbu na misato na Nkunda na Nse, tika totala na mokuse balonge na lolenge na minyoko moto abongisa.

Minyoko mabe misalema na moto

Na tango droit de l'homme ezalaka maseki kolandana na bomoi na mokolo na mokolo, bitumbu mingi na nzoto, kosangisa ba lolenge na lolenge na minyoko na kobomana, mokabolamaki mpe misalemaki.

Ndakisa, na ekeke na Moyen Age na Pŏto, bakengeli na boloko bakokamata mokangemi nan se na boloko mpona kolobisa ye. Nzela nzela, mokangemi akomona makila masopana na mabele mpe kati na ndako akomona bisaleli mingi mpona konyokola. Ayokaki konganga makasi kowuta na bisika oyo, oyo ekotaka ye.

Moko na minyoko bamesanaka kopesa ezalaki kotia misapi na maboko mpe na makolo na mokangemi (To moto nioso oyo asengeli konyokwama) kati na biloko na mabende. Yango ekokangama kino tango misapi na maboko mpe na makolo mikobukanakana. Nde, misapi ma ye na maboko mpe na makolo misengelaki kolongolama na libende lokola eloko moko na lolenge eloko na libende ekangemaki na moke moke.

Soki mokangemi atatolaki te sima na oyo, asengelaki kobakama na likolo na maboko ma ye mikangemi sima mpe nzoto mobimba kobalolama na bisika nioso. Na tango oyo, minyoko misusu mikopesamela ye, lokola nzoto na ye etombolami likolo mpe ekitisami na nse mpe bisika na bisika. Na mabe koleka, eteni na ebende ekangemaki na makesi na mokangemi, tango akangemaki na likolo. Bozito na ebende ekokaki mpona kopanza misisa nioso na mikuwa kati na nzoto na ye. Soki mokangemi atubelaki kaka te, minyoko na somo koleka mikopesamela ye.

Mokangemi akofanda na kiti oyo ebongisama mingi mpona minyoko. Likolo na kiti, na sima, mpe na makolo na yango ba nzube ebele mike mike mitiamaki. Likolo na komona makambo oyo na kokamwisa, mokangemo akomeka kokima mpoona kobikisa bomoi na ye kasi bakengeli na boloko bingambe ba oyo baleki ye makasi bakozongisa ye na kiti. Na ngonga moko akoyoka ba nzube kotobola nzoto na ye.

LIFELO

Lolenge mosusu na minyoko ezalaki kokanga mokangemi to oyo baling kokanga moto na nse makolo likolo. Sima na ngonga moko, makila ma ye makotonda na moto, misisa na moto mokopasuka, mpe makila mikobima na miso ma ye, zolo,mpe matoyi. Akoka lisusu komona te, koyoka solo, to koyoka.

Tango mosusu basalelaka moto mpona komema mokangemi na komikitisana makasi. Mokengeli na boloko akopusana pembeni na mokangemi na bougie bapelisa. Akomema yango na maboko mpe nse na makolo na mokangemi. Maboko mokozikisama mpo ete mizali bisika na poso pete na nzoto na moto mpe nse na makolo mpo ete pasi ewumelaka kuna.

Naba tango mosusu, mokangemi asengelaki kolata ebende na moto na makasi na makolo oyo mizangi sapato.Nde, monyokoli akotobola bisika poso elemba makasi. To monyokoli akokata lolemo na mokangemi to akotumba yango na ebende na moto. Soki bakatelaki mokangemi kufa, akobwakama na ebende lokola pine, oyo esengelaki kokata nzoto na biteni biteni. Kobaluka na ebende akokata nzoto na biteni na tango mokangemi azali naino na bomoi mpe na koyeba makambo. Na tango mosusu, babomamaka na ebende na mai kotangisama kati nab a zolo na bango.

Na koyeba ete bakokoka kokanga pasi na minyoko te, bakangemi mingi bakopesa kanyaka na banyokoli mpe bakengeli mpona pasi moke mpe kufa na pasi moke.

Oyo ezali minyoko na ba lolenge mikabolami na moto. Makanisi yango ekoki kotika biso na kobanga. Bongo, bokoki kobanza minyoko mikambamaka na batindami na lifelo, oyo bazali na nse na bokonzi na Lucifer, mikoki kaka kozala na pasi na koleka minyoko na lolenge nioso mikoki kokabolama na moto. Batindami oyo na Lifelo bazalaka na maw ate nde basepelaka kaka koyoka milimo konganga na somo na Nkunda na Nse. Bakanisaka tango nioso minyoko na lolenge nini basengeli kopesa milimo oyo.

Bokoki kondima kokende na lifelo? Bokoki kondima komona balingami na bino, mabota mpe baninga na bino na lifelo? Bakristu nioso basengeli komona yango mosala na bango mpona koteya Sango Malamu mpe basala oyo ekoki mpona kobikisa molimo moko oyo asengelaki kokweya kati na Lifelo.

Nini sik'awa ezali etape na misato na bitumbu?

i) Nkele na motindami na lifelo na elongi na ngulu

Molimo moko na Nkunda na Nse akangemi na nzete, mpe mosuni ekatami na biteni mike mike. Tango mosusu bokoki kokokanisa yango nab a tranche na mbisi mpona kolamba sashimi. Motindami na lifelo azali elongi mabe mpe na lolenge na kobangisa abongisi nioso mikoki mpona konyokola. Biloko mana nioso misangisi bisalaeli mingi kobanda nab a nzube mike kino na epasola koni. Bongo motindami na lifelo afandisa yango na libanga. Yango eliuki kotiama mino te mpo ete suka na eloko nioso na nkunda na nse mitikalaka tango nioso n amino esengeli. Tina na kotia yango mino ezali mpona kobangisa molimo oyo azali kozela konyokolama.

Kokata mosuni na nzoto ebandi na oyo na misapi

LIFELO

Tango molimo akoyoka kobetama na bisalelo na konyokola ye mpe tango motindami na lifelo akopusana pembeni na ye na lolenge na konguluma, boni kobanga mpe ekenge asengeli kozala!

'Mbeli wana elingi kokata nzoto na ngai biteni bitebi...
Epasoli koni wana elingi kokata biteni na nzoto na ngai...
Nasala nini?

Somo yango moko elingaki kokanga ye pema. Molimo sinza mpe ezali azali komilobela ye moko ete akangami singa makasi na eteni na nzete na mabele, akoki koningana te, mpe emonani lokola singa ezali kotobola nzoto na ye. Na lolenge azali komeka komilongola na nzete, sinza ekokanga nzoto na ye makasi mingi koleka. Batindami na lifelo bakopusana penepene na ye mpe bakobanda kokata nzoto na ye mike mike, na kobanda na misapi na maboko ma ye. Eteni na mosuni etondisama na makila ekokweya na mabele. Manzaka na misapi ma ye mikopikolama mpe na tango moke, misapi mikokatama mpe lokola. Batindami bakokata mosuni na nzoto na ye kobanda na misapi na maboko, loketo, kino mapeka. Oyo ekotikala na mapeka ma ye ezali kaka mikuwa. Nde, batindami bakokita na moto na molimo mpe kati na yango.

Kino misopo na kati mikolakisama

Motindami na lifelo akobanda kokata libumu na ye. Tango makambo nioso na kati mikomonana, akofina fina mango mpe akobwaka yango mosika. Akozwa mpe akokata biteni misuse na eloko moko n amino makasi mpe lokola.

Kino bisika oyo, molimo ezali ya kolamuka mpe ezali kotala makambo nioso: Mosuni na nzoto na ye kokatama mpe misopo ma ye kobwakama. Bokanisa ete moto akangi bino singa, Akati eteni na nzoto na bino na kobanda na sima na maboko na bino, eteni na eteni, eteni nioso na eteni na linzaka na maboko na bino. Tango mbeli esimbi yo, makila ekotanga na mbala moko mpe minyoko mikobanda na mbala moko, mpe liloba moko te ekoki kotalisa bobangi na yo. Kati na Nkunda na Nse, tango bozali kozwa etumbu oyo na etape na misato, ezali kaka eteni na nzoto na bino te; ezali poso nioso kobanda moto kino na makolo, mpe misopo na bino nioso mikopikolama, moko na moko.

Lisusu botala sashimi bilei na baton a Japon ezali mbisi mobeso. Molambi akabola mikuwa mpe poso na ye. Mpe akata mosuni na ye na moke lolenge akoki. Bilei ebongisama lokola mbisi na bomoi. Mbisi amonani lokola na bomoi mpe bokoki komona pembeni ma yen koningana. Molambi na restaurant azali na mawa na yango te mpo ete soki azali na yango, akoka kosala mosala na ye te.

Bolimbisi, bobatela baboti na bino, molongani na bino, bandeko, mpe baninga na bino na mabondeli. Soki babikisami te mp basuki na lifelo, basengeli konyokwama na minyoko na kozala na misuni na nzoto na bango kakatema mpe mikuwa na bango kopalolama na batindami na lifelo bazanga mawa. Ezali mosala na biso lokola baKristu kopanza Sango Malamu, mpo ete na mokolo na Esambiseli, Nzambe akokatela moto na moto mpo na moto nioso oyo tokokaki komema na Lola elongo na biso te.

Kotobola miso na molema

Motindami na lifelo akokamata mbala oyo likonga bisika na mbeli. Molema asi ayebi nini ekosalemela ye mpo ete ezali mbala liboso te makambo oyo ekomela ye; Asi anyokwama lolenge oyo na mbala mokama mpe nkoto nab a tango kobandamokolo amemanaka na Nkunda na Nse. Motindami na lifelo akopusana pembeni na molimo, akotobola na mozindo molimo na ye, mpe akotika likonga kati na miso ma ye mpona ngonga moko. Boni kobanga molimo akozala tangoakomona likonga kopusana pene pene na ye? Pasi na kozala na likonga kotobola liso na ye ekoki te kotalisama na maloba. Bongo ezali suka na minyoko? Te. Elongi na moema ekotikala. Motindami na lifelo akokata sik'awa matama, zolo, mbunzu, mpe oyo etikali na elongi. Akobosana te kokata poso na matoyi, bibebu, mpe kingo. Kingo, lolenge ekatemi moke moke, kino tango ekolongwa na tolo. Yango esilisi eteni moko na minyoko, kasi suka oyo elakisi kaka ebandeli na minyoko misuse.

Moto akoki ata koningana to konganga te

Na ngonga moke, eteni na nzoto na ye oyo ekatamaka ezongisami, lokola eloko etikala kokomela yango te. Tango nzoto ezali komozongisa mobimba, ezali na ngonga moke tango pasi mpe minyoko mitiki kozala. Kasi, tango oyo ezali kaka kokanisisa molimo pasi ekoyela ye., mpe akobanda na kala te kolenga lengana bobangi oyo akoki kokamba te.Tango azali kozela monyoko, makelele na kotia ebende mino mikoyokana lisusu. Na ngonga na ngonga, moyini na motindami na lifelo na elongi na ngulu akosekisa ye naesekeli mabe.

Mokangemi to moto oyo asengeli konyokolama ayebi nini ezali kozela ye, akozela kaka ngonga moke, kasi azali kolenga mpe kobanga na kobanga oyo eleki. Toloba ete, elongi mabe na ngulu na motindami na lifelo azali kopusana pene pene na bino na biliko na konyokola mingi na maboko ma ye, na kobetisa yango. Konyokolama ekozonga na suka te: kokata mosuni na nzoto, kopikola misopo kati na libumu, kotobola miso, mpe mingi mikokoba.

Bongo molimo na Nkunda na Nse akoki konganga te to kolomba bomoi na motindami na lifelo, mawa, kokitisama na minyoko to eloko nini. Kolenga na milimo misuse kobetama na bisaleli mpona konyokola bango, ekozinga molimo. Na lolenge molio ekomona motindami na lifelo, akokoma pembe lokola mputulu. Lisusu, asi ayebi ete akoki kosikolama ye moko ten a minyoko kino tango akobwakama na libeke na moto sima na esambiseli na ngwende Monene ya Pembe na suka na ekeke (Emoniseli 20:11).

ii) Etumbu ya kovimbisa nzoto lokola ndembo

Moto na moto na motema ata ya malamu moke asengeli koyoka mabe soki asali moninga mabe. To, ata mbala boni moto akokaki koyina mosusu na kala, soki bomoi na mosusu ekomi na pasi lelo, mawa ekokota kati na ye na tango koyina ekokita, ata mpona tango moko.

Kasi, soki motema na moto bebisama lokola na ebende na moto, moto akozala mpenza na mawa te mpona pasi na basusu, mpe pona kokokisa baposa ma ye akoki koluka kosala ata mabe na koleka.

Bato bazwami lokola biloko ebwakama mpe fulu

Na tango na bitumba Monene na mibale na mokili mobimba alemagne na nse na bokonzi na Nazi, Japon, Itali, na bikolo misuse, bato mingi na bomoi basalelamaki lokola biloko na somo mpe na kobombana; bato wana, na momesano, bakomaki lokola ba mpuku, ba lapins, mpe ba nyama misuse na kosalela.

Na ndakisa, mpona kososola lolenge nini moto na nzoto malamu akozongisa, tango boni akotelema na biloko mingi na mabe, mpe makambo nini malandaka ba bokono nadenge na ndenge, ba cellule na cancer mpe ba bokono mosusu mitiamaki kati na ye. Mpona kozwa sango ekoka, bamesanaka kofungola libumu to moto na oyo azali naino na bomoi. Mpona koyeba lolenge nini moto na nzoto malamu akosala na malili makasi to na molunge mingi, bakokitisa noki noki tango na ndako to bakomatisa moto na nzungu na mai bisika moto wana akangemi.

Sima na biloko oyo mikokisa mosala na yango, bato oyo bameseneke kobwakisama mpona kufa na pasi. Bazalaki mpenza kolanda motuya te to pasi na bato wana.

Boni mabe mpe na koyina esengelaki kozala mpona bakangemi mingi na bitumba to bato misusu oyo bazanga nguya baye bakomaka biloko oyo, nakotalaka biteni nab a nzoto na bango kokatama na biteni biteni, na mokano na bango te ba nzoto na bango ekotisama biloko mpe ba bokono kili kili, mpe suka suka komitala na kokufa?

Kasi, milimo na Nkunda na Nse mikozwa minyoko nab a lolenge mabe koleka makambo nioso banyokoli na ba nzoto na bomoi bakokaki kokanisa. Lokola mobali mpe muasi ba oyo bakelamaka na elilingi mpe lolenge na Nzambe, kasi mpe lokola ba oyo babungisa kilo mpe talo na bango, milema oyo mizwami lokola biloko basalelato fulu na Nkunda na Nse.

Lolenge toyokelakafulu maw ate, batindami na lifelo bazalaka na mawa te to koyoka pasi na bango, mope etumbu ekoka ezalaka te.

Mikuwa miko panzana mpe mosuni ekosopana

Bongo, Batindami na lifelo bakomona milimo oyo lokola biloko na kosakanela. Bakovimbisa ba nzoto na milimo mpe bakobeta ba nzoto na milema bisika na bisika. Ezali pasi ya kokanisa likambo oyo ete: Lolenge kani nzoto molayi mpe papala na moto etiama mopepe lokola ndembo? Nini ekokomela biloko na kati na yango?

Lokola misopo mpe ba poumon mitiami mipepe, mipanzi mpe ba reins miye mibatelaka mango mikopanzana moko na moko, eteni na eteni. Na likolo na oyo, ezali na pasi na tango nioso na nzoto ekopasuka.

Batindami na Lifelo bazali kosakana na ba nzoto oyo mivimbisami na mopepe na ba oyo babikisama ten a Nkunda na Nse, mpe tango balembi bango, bakofungola libumu na makonga na mino makasi. Lolenge eloko na pema ekomaka biteni na biteni tango epasuki, makila na bango mpe ba ndambo na poso mikopanzana na bisika nioso.

Kasi na sima na ngonga moke, ba nzoto na milimo oyo mikozonga mibimba mpe mikozongela lisusu bisika na minyoko. Boni somo yango ezali? Tango babikaka na mokili oyo, milimo oyo balingamaka na basusu, bazalaki na kjosepela mua ebonga na ekolo, to bakokaki kozala na bobiki na bato nioso.

Nde na Nkunda na Nse, kuna, bazali n adroit te mpe bakosalelama lokola mabanga na mabele; bozali na bango ezali na talo te.

Mosakoli 12:13-14 elobeli biso boye:

"Toyoka nsuka na likambo mobimba: Tosa Nzambe mpe batela mibeko na Ye; yango ezali mosala na bato nioso. Mpo ete Nzambe Akokomisa misala nioso epai na kosambisama elongo na makambo nioso mobombami, soko mazali malamu, soko mazali mabe."

Na lolenge oyo, kolandana na esambiseli na Ye, milimo miye mikitisama na biloko na kosakanela na oyo batindami na lifelo bakosakanela.

Bongo, tosengeli kokeba ete soki tolongi te kokamba mosala na bison a bato, oyo ezali kobanga Nzambe mpe kobatela mibeko na Ye, toyebana lokola milimo ma Ye na motuya te miye mizali na elilingi mpe lolenge na Nzambe, kasi kutu tokokoma na etumbu na somo koleka na Nkunda na Nse.

5. Etumbu na Ponce Pilato

Na ekeke na kufa na Yesu, Ponce Pilato azalaka mokonzi (gouverneur) na mboka na Yudea, lelo Palestine. Kobanda mokolo oyo atiaka matambe ma ye na Nkunda na Nse, azwa etape na etumbu na misato, oyo esangisi kobetama fimbo, pona nini Ponce Pilato azali konyokwama?

Ata ete ayebaka boyengebene na Yesu

Wuta Pilato azalaka mokonzi na Yudea, nzela na ye asengelaki mpona kobakama na Yesu. Lokola nse na mokonzi na Loma azalaki mokambi na mboka mobimba na Yudea, mpe azalaka na bato mingi mpona kotalela ye. Nde, Pilate azalaka na boyebi malamu mpona bikamwa mingi Yesu Asalaka, mateya ma ye ya bolingo, kobikisa na Ye na babeli, koteya na ye Nzambe.

Lisusu, Pilato ayebaka ete Bayuda balingaka koboma Yesu mpona zua na bango, asalaki makasi mpona kosikola ye. Kasi, mpo ete Pilato ayebaka mpe ete kosala mokano na Bayuda elingaka komema mobulu monene kati na mboka na ye, asukaka na kopesa Yesu na kobakama na ekulusu na bosenga na Bayuda. Soki mobulu ebimaka na bisika ma ye, pasi monene elingaka komeka kosukisa bomoi na Pilato.

Na suka, motema na kobanga na Pilato ememaka ye na bisika na ye simana kufa. Lolenge basoda na Loma babetaka Yesu fimbo na kotindama na Pilato liboso na kobakama na Ye na ekulusu, Pilato mpe lokola, akatelama na etumbu moko: kobetama fimbo ezanga suka na batindami na lifelo.

LIFELO

Pilato kobetama fimbo tango nioso kombo na ye etangami

Oyo lolenge Yesu abetamaka fimbo. Kobetama fimbo ezalaki biteni na mabende to mikuwa mitiamaka na suka na fimbo na poso na nyama. Na kobetama moko, fimbo ekopikola nzoto na Yesu, mpe ebende to mokuwa na suka na yango ekotobola mosuni na Ye. Na pota, mosuni ekolongolama na bisika fimbo ebetaki, na kotika lidusu monene mpe na mozindo.

Na boye, tango bato bakotanga kombo na ye na mokili oyo, batindami na lifelo bakobeta Pilato fimbo na Nkunda na Nse. Na mayangani nioso, ba Kristu mingi batangaka esakola na ba ntoma. Bisika bakolobaka ete "Anyokwama na maboko na "Ponce Pilato", akobetama fimbo. Tango ba mikama to ba nkoto na bato bakotanga nkombo na ye na mbala moko, lolenge na ye na kobetama fimbo mpe makasi na fimbo moko na moko mikomata mingi mpenza. Na ba ngonga, batindami misuse na lifelo bakozinga Pilato mpona kosungana na kobeta ye fimbo.

Ata ete nzoto na Pilato azokisama na biteni na biteni mpe etondisama na makila, batindami na lifelo bazali kobeta ye lokola bazalaki na momekano. Kobetama fimbo ezali kopanza nzoto na Pilato, kotalisa mikuwa ma ye, mpe kotobola yango.

lolemo na Pilato elongolama mpona libela

Na tango azali konyokolama, Pilato azali konganga tango nioso ete: "Bolimbisi boloba nkombo na ngai te! Tango nioso ezali kobiangama, nazali konyokwama mpe konyokwama." Kasi ata lolaka moko te eyokani na monoko na ye. Monoko na ye ekatama, mpo ete na monoko moko wana akatelaka Yesu mpona kobakama na ekulusu. Tango bozali konyokwama ekosunga moke kongangaga na kolenga. Mpona Pilato ata makambo oyo mazali te.

Ezali na eloko na bokeseni na Pilato. Mpona milimo misusu mikangema na Nkunda na Nse, tango biteni na biteni nab a nzoto mitobolami, mikatemi to mitumbami, biteni nab a nzoto mana mikozonga lisusu na yango moko. Kasi lolemo na Pilato elongolama mpona libela lokola elembo na kolakelama mabe. Ata soki Pilato abondeli bondeli ete bato babenga nkombo na ye te, ekobengama kino mokolo na esambiseli. Mingi bakotanga nkombo na ye, ebele na pasi akozwa.

Pilato asalaka lisumu na nko

Na tango Pilato apesaka Yesu na kobakama na ekulusu, azwaka mai mpe asukolaki maboko ma ye liboso na bato ebele, nde alobaki na bato ete, "Ngai nazali na likambo na makila na moto oyo te Bibo mpenza botala yango". (Matai 27:24) Na eyano, Bayuda, sik'awa na posa koleka mpona koboma Yesu, bazongiselaki Pilato ete, "Makila ma ye mazala likolo na bisi mpe likolo na bana na biso" (Matai 27:25).

Nini ekomelaka Bayuda sima na Yesu kobakama na ekulusu? Babomamaki na tango engomba na Yelusalema ekangemaki mpe ebebisamaki na General Moloma na nkombo na Titus na mbula 70 sima na mbotama wuta wana, bapanzanaka na mokili mobimba mpe banyokwamaki na mabele na bango te. Na tango na bitumba monene na II na mokili mobimba bakangemaka na makasi mpe bamemaka bango na ba camp na kobomama na mabele nioso na poto, bisika wapi koleka milio motoba babomamaki na ba ndaku na gaz mpe kobomama na somo. Tango nab a mbula ntuku mitano na bozali na ye lokola ekolo sima na lipanda na ye na mbula 1948, mboka na Yisalele ekutanaka tango nioso na kobangisama, koyina , mpe bitumba na minduki epai na bamboka pembeni na ye.

Ata soki Bayuda bazwa bosenga na bango "makila ma Ye likolo na biso na bana na biso" yango elakisi te ete etumbu na Pilatoekita. Pilato asalaka lisumu na nko. Azalaka na mabaku malamu mingi mpona kosumuka te, kasi asalaki yango kaka. Ata muasi na ye, sima na kokebisama na ndoto na ye, atungisaki Pilato mpona kotika te Yesu abomama. Na kobwakisaka motema na ye moko mpe toil na muasi na ye, Pilato akatelaka Yesu mpona kobakama na ekulusu.lokola lifuti, amemamaka na makasi mpona kozwa etumbu na etape na misato kati na Nkunda na Nse.

Ata lelo bato bazali koboma ata soki bayebi ete ezali koboma. Bazali kobimisa basekele na basusu epai na basusu mpona koluka lifuti na bango moko. Kati na Nkunda na Nse, etape ya misato na etumbu epesamelaka likolo na ba oyo bakotelaka basusu fiti, bakokosela makambo, kotuka, bakosala masanga mpona koboma mpe konyokula, bakobwakisa basusu o tango na likama to pasi, mpe makambo na lolenge.

Nzambe Akobimisa misala nioso na motuna

Kaka lolenge Pilato atiaka makila ma Yesu na maboko na Bayuda na kosukolaka maboko ma ye, bato misuse bakotiaka mbeba mpona likambo likolo na basusu. Kasi, masumu na bato ezalaka na moto na bango moko. Moto na moto azalaka na kopona na ye moko, mpe azalaka kaka na makoki na kopona te, kasi asengeli mpe koloba mpona lolenge na ye na kopona. Makoki na kopona episi biso nzela na kopona soko tokoki kondimela Yesu lolkola Nkolo mpe Mobikisi na biso, soko to te tosengeli kobatela mokolo na Nkolo bulee, soki to te tokopesa moko na zomi nioso epai na Nzambe, mpe bongo na bongo. Kasi, lifuti na kopona na biso ezali soko esengo na solo na Lola to etumbu na seko na Lifelo.

Lisusu, lifuti na kopona nioso bosalaka ekokomisa bino moumbu na ye mpona seko, nde bokoka te kopamela basusu mpona yango. Tala tina bokoki te koloba makambo lokola "Natika Nzambe mpona baboti na ngai' konyokolaka nngai" to "Nakokaka te kobatela mokolo na Nkolo bulee to kopesa moko na zomi na ngai nioso epai na Nzambe mpona muasi na ngai." Soki moto azalaka na kondima, moto asengelaki solo kobanga Nzambe mpe kobatela mibeko na Ye nioso. Pilato oyo lolemo na ye ekatamaka mpona maloba ma ye oyo ya kosepelisa bato, azali tango nioso komilela mpe ko regreter tango bazali na tango nioso kobeta ye fimbo na Nkunda na Nse. Kasi sima na kufa, ezalaka na libaku malamu mosusu te mpona Pilato.

Kasi mpona ba oyo bazali naino na bomoi bazali naino na libaku malamu. Bosengeli te kobanza banza mpona kobanga

Nzambe mpe kobatela mibeko na Ye "Boluka Yawe naino Akoki komonana, bobianga ye naino Abelemi penepene. Tika ete moto mabe alongwa na nzela na ye mpe moto na masumu alongwa na mabanzo ma ye; Tika ete amata epai na Yawe, ete Ayokela ye mawa, epai na Nzambe na biso Nzambe Akolimbisa na solo"

Mpo ete Nzambe Azali bolingo, Atiki ete toyeba nini ezali kosalema na lifelo tango tozali naino na bomoi. Azali kosala boye mpona kolamusa bato mingi na mpongi na bango na molimo, mpe Apesa biso nguya mpe makasi mpona koteya Sango Malamu ata na bato mingi koleka mpo ete bango mpe lokola, bakoka kobika na ngolu mpe mawa na Ye.

6. Etumbu na Saulo Mokonzi Wa Yambo na Yisalele

Yelemia 29:11 elobeli biso ete "'Mpo ete nayebi makanisi ezali Ngai kokanisa mpona bino; Yawe Alobi bongo. Yango makanisi na kimya mpe na mabe te, kopesa bino avenir na elikya na ntango ekoya."Liloba epesamelaka Bayuda tango bakendaka baumbo na Babylon. Makomi esakoli bolimbisi na Nzambe mpe mawa oyo ekopesama na bato ma Ye, tango bazali na mboka mopaya likolo na masumu na bango epai na Nzambe na bango.

Mpona likambo moto Nzambe Alobeli makambo na lifelo. Asali bongo mpona kolakela ba oyo bandimeli te to basumuki mabe te, kasi mpona kosikola baye nioso bazali na mikumba minene lokola baumbu na moyini Satana na zabolo, mpe kopekisa bato bakelama na elilingi na Ye bakweya na bisika wana mabe.

Bongo, bisika na kobanga pasi na lifelo, nioso tosengeli kosala ezali kososola bolingo na Nzambe oyo ezanga suka mpe, soki bondimela te, bondimela Yesu Christu lokola Nkolo mpe Mobikisi na bino. Soki bobikaka kolandana Liloba na Nzambe ten a kotatolaka kondima na bino epai na Ye, baluka mpe bosala lolenge Asengi na bino.

Saulo atikalaka na koboya kotosa Nzambe

Tango Saulo amataka na ngende, amikitisaka makasi mingi. Kasi, akomaka kala te na lolendo mingi mpona kotosa Liloba na Nzambe. Akweyaka na nzela na mabe mpona kotikama mpe na suka, Nzambe Abalolelaka saulo elongi na Ye. Tango bosumuki liboso na Nzambe, bosengeli kolongola makanisi mana mpe na mbala moko botubela. Bosengeli te komeka komilongisa to kobomba masumu na bino. Kaka wana nde, Nzambe Akoyamba mabondeli na bino na tubela mpe Akofungola nzela na bolimbisi.

Tango Saulo ayebaka ete Nzambe Apakolaka Dawidi mafuta mpona kozwa bisika na ye, Mokonzi amonaki ye lokola monyokoli na ye mpe alikaka koboma ye na tango oyo etikalaka mpona ye kobika. Saulo abomaka at aba nganga Nzambe mpo ete basungaka Dawidi (1 Samuele 22:18). Makambo oyo mazalaki lolenge moko na kotelemela Nzambe elongi na elongi.

Na lolenge oyo, mokonzi Saulo atikalaka na kotosa te mpe atondisaka misa;la ma ye mabe kasi Nzambe abebisaka Saulo na mbala moko te. Ata ete Saulo azalaka kolanda Dawidi mpe alukaka koboma ye wuta tango molayi, Nzambe Atikaka Saulo abika.

Yango ezalaki na tina mibale. Moko, Nzambe alingaka kosala Mbeki monene na bokonzi na Dawidi. Mibale, Nzambe Apesaka Saulo tango yakokoka mpe nzela mpona kotubela na mabunga ma ye.

Soki Nzambe Abomi biso tango tosali lisumu oyo ekoki mpona kobomama, moko te kati na biso alingaki kobika. Nzambe Akolimbisa, Akozela, mpe kozela, kasi soki moto akozongela Ye te, Nzambe Akoluka bisika mosusu. Kasi, Saulo akokaki kososola te motema na Nzambe mpe alanda posa na nzoto. Na suka, Saulo azokisamaki makasi na babeti tolotolo mpe amibomaki na mopanga na ye moko (1 Samuele 31 :3-4).

Nzoto na Saulo atiami na likolo

Nini ezali etumbu na moto na lolendo Saulo? Mopanga n amino makasi ezali kotobola libumu na ye lokola akangemi na likolo. Mino na likonga etondisami na biloko lokola makonga mike mpe basonge na mipanga.

Ezali pasi mingi mpona kokangama na mopepe lolenge na ye. Ezali nde pasi koleka na kokangama na mopepe na likonga kotobola tolo na yo, mpe bozito na nzoto na yo ekobakisa kaka pasi. Likonga ekofungola tolo makasi na ba songe na ba mbeli mpe makonga. Lolenge nzoto ekotobolama, misisa, mikuwa, mpe misopo mikomonana.

Na ba tango moko boye, motindami na lifelo akopusana penepene na Saulo mpe akobalola likonga, ba songe nioso na ba mbeli mpe makonga oyo ekangemi na yango yango mpe mikotobola nzoto na ye. Kobalusa na mopanga oyo ekopasola ba pomon na Saulo, motema, libumu, mpe misopo.

Sima na ngonga moke Saulo akolekela monyoko oyo na pasi mpe misopo mawe mikosopana na biteni, biloko na kati na nzoto na ye nioso mikozonga mibimba. Tango mizongi, batindami na Lifelo bakopusanela Saulo mpe bakobandela nioso. Na lolenge azali konyokwama, Saulo abandi kobanza ba tango nioso mpe mabaku malamu azwaka mpona kotubela mpe abwakisaka na bomoi oyo.

Pona nini naboyaka kotosa mokano na Nzambe? Pona nini nabundisaka Ye?
Nasengelaki kolanda Pamela na mosakoli Samuele! Nasengelaki kotubela tango muana na ngai Jonata azalaki kolobela ngai na mai na miso!
Kaka soki nazalaka na mabe mingi mpona Dawidi te, Etumbu na ngai ekokaki kozala moke...

Ezali na litomba te mpona Saulo koregreter to kotubela sima na ye kokweya na lifelo. Ezali pasi ekoki kondimama ten a kokangama na mipepe na likonga kotobola tolo na ye. Kasi tango motindami na lifelo apusanaka pembeni na Saulo mpona monyoko mosusu. Saulo akamatamaka na bobangi makasi.. Pasi oyo endimamaka kaka mpona tango moko na liboso na oyo ezali naino na bongo na ye, mpe alingaka kokangama pema na makanisi na makambo ekolanda.

Saulo akoki kobondela ete, "Bolimbisi botika ngai kimya!" to "Bolimbisi, botika monyoko oyo!" kasi ezali na litomba te. Na bobangi koleka Saulo akokoma na yango, esengo koleka motindami na lifelo akokoma na yango. Akobalola mpe kobalola mopanga, mpe pasi na kozala na nzoto na ye kokatama ekobandela mbala na mbala mpona Saulo.

Lolendo ezalaka moto na kobebisama

Likambo elandi ezali oyo esalemaka na momesano na lingomba nioso na lelo. Mondimi ya sika, na ebandeli, akoyamba mpe akotondisama na Molimo Mosantu. Akozala na posa makasi ya kosalela Nzambe na basali na ye mpona ngonga moke. Kasi, mondimi wana akobanda koboya kotosa mokano na Nzambe, egelesia na Ye, mpe basali na Ye. Soki yango ebakisami, akobanda kosambisa mpe kokatela mabe na Liloba na Nzambe oyo ayokaki. Akoki mpe kokoma na lolendo mingi na misala.

Bolingo na ebandeli oyo akabolaka na Nkolo akita moke moke na koleka na tango, mpe elikya na ye- oyo etiamaka na lola- ezali sik'awa na makambo na mokili oyo- makambo oyo atikaka. Ata na lingomba oyo, alingi sik'awa basusu basalela ye, akomi moyimi mpona misolo mpe nguya, mpe amikotisi na posa na nzoto.

Tango azalaka mobola, abondelaka ete, "Nzambe pesa ngai mapamboli na biloko!" Nini esalema tango azwi lipamboli? Bisika na kosalela yango mpona kosunga babola, ba missionaire, mpe mosala na Nzambe, azali sik'awa kobebisa mapamboli na Nzambe na kolandaka ba posa na mokili.

Mpona yango, Molimo Mosantu kati na mondimi Azali komilela; molimo na ye ezali kokutana na kokoso mpe ba pasi mingi; mpe etumbu ekoki kozala na nzela. Soki akokoba na kosumuka, motema na ye ekoki kokoma libanga. Akoka te kososola mokano na Nzambe na moyimi kati na motema na ye, akolanda mingi oyo ya suka.

Tango mosusu, akoki kokoma na zua na basali na Nzambe oyo andimami mingi mpe alingami na bandimi na egelesia. Akoki mpe kokosela bango mpe kokota na misala na bango. Mpona lifuti na ye moko, akobimisa mangomba kati na egelesia, bongo na kobebisa lingomba bisika wapi Kristu Abikaka.

Moto ya lolenge oyo akokoba na kotelemela Nzambe mpe kokoma esalelo na Satana na zabolo, mpe na suka akokokana na Saulo.

Nzambe Atelemelaka baton a Lolendo kasi apesaka ngolu na ba oyo bamikitisi

1 Petelo etangi ete "Bobele bongo bino bilenge botosa mibange; Bomikangela komikitisa lokola elamba, moto asunga mosusu, mpo ete Nzambe Akotelemela bato na lolendo, kasi Akopesa ngolu na ba oyo bamikitisi." Bato na lolendo bakosambis mateya mateyami na etumbelo na tango bayoki yango. Bakondima oyo ekokani na makanisi na bango mpe bakobwakisa oyo endimami te. Makanisi na bato mingi makesani na oyo na Nzambe. Bokoki te koloba ete bondimeli mpe bolingaka Nzambe soki bokondima kaka oyo ekokani na makanisi na bino.

1 Yoane 2:15 elobeli biso ete, "Bolinga mokili te soko makambo kati na mokili te Soki moto nani akolinga mokili, bolingo na Tata ezali kati na ye teNa boye, soki bolingo na Tata ezali kati na moto yango te, ye azali na lisanga na Nzambe te. Tala tina, soki bokolobaka été bozali na lisanga na Ye kasi bozali

naino kotambola kati na molili, bozali kobuka lokuta mpe bozali kobika kati na solo te (1 Yoane 1:6).

Bosengeli na tango nioso kosala ngele mpe bomitalaka tango nioso mpona komona soki bokomi baton a lolendo, soki bolingi basalela bino bisika na bino kosalela basusu, mpe soki bolingo na mokili oyo ekwami mitema.

7. Etape na minei na Etumbu na Yudasi Iscariot

Tomoni ete etape na liboso, na mibale, mpe na misato na ba etumbu kati na Nkunda na Nse mizali mpenza mawa mpe somo koleka mabanzo na biso. Totali mpe ba tina mingi oyo ekosala ete milimo mina mizwa minyoko na mabe na pasi boye.

Kobanda bisika oyo, tika tozinda kati na bisika na etumbu na kobangisa koleka nioso kuna na Nkunda na Nse. Nini ezali ba ndakisa na etape na minei na bitumbu mpe mabe na lolenge nini milimo oyo misalaki mpona komona boye?

Kosala lisumu oyo ekoki kolimbisama te

Biblia elobeli biso ete mpona masumu mosusu bokoki kolimbisama o nzela na tubela, tango ezali na mosuusu na oyo bokoka kolimbisama te, masumu oyo mikomemaka bino na kufa {Matai 12:31-32; Baebele 6:4-6; 1 Yoanne 5:16). Bato oyo batukaka Molimo Mosantu, bazali kosala lisumu na nko tango bayebi solo, mpe makambo na motindo oyo etiami na masumu na lolenge oyo, bakokweya na bisika na mozindo koleka kati na Nkunda na Nse.

Ndakisa, tomonaka mingi bato oyo babika to bazala na makambo na bango kosila o nzela na ngolu na Nzambe. Na ebandeli bazalaka moto mpona kosalela Nzambe mpe egelesia na Ye. Kasi, na oleka na tango tokomona bango komekama na mokili, mpe suka suka bakobalolela Nzambe mokongo.

Bakomikotisa lisusu kati na bisengo na mokili oyo. Kasi na mbala oyo, bakosala koleka liboso. Bakomemela lingomba soni mpe bakotuka ba Kristu misusu mpe basali na Nzambe. Mbala mingi, ba oyo batatolaka bondimi na bango epai na Nzambe bazalaka bay ambo na kokatela mpe kobenga mangomba to basali na Nzambe "bapengwi" kolandana na makanisi na mabanzo na bango. Tango bakomona egelesia etondisama na nguya na Molimo Mosantu mpe bikamwa na Nzambe kosala o nzela na mosali na Ye, mpo ete bakoki kososola yango te, bakokatela lingomba mobimba lokola "bapengwi" to komona misala na Molimo Mosantu lokola oyo na Satana.

Batioli Nzambe mpe bakoka kozwa molimo na tubela te. Na maloba mosusu, baton a lolenge oyo bakokoka kotubela masumu na bango te. Bongo, sima na kufa, ba Kristu oyo bakozwa etumbu na mozito koleka kati na Nkunda na Nse, koleka ba oyo bandimelaka Yesu Christu lokola Mobikisi na bango te. 2 Petelo 2:20 elobeli biso ete "Mpo ete ata basili kokima longwa na makambo na bosoto na mokili mpona koyeba Nkolo mpe Mobikisi Yesu Kristu, bamitii lisusu kati na yango; makambo na nsuka na bango maleki yango na liboso na mabe. Mpo ete soko bayebaki nzela na boyengebene te. Mbe eleki malamu mpona bango. Kasi eleki mabe mpona bango mpo etebayebaki yango mpe bazongi sima, kotika likabo na bulee lipesami epai na bango." Bato oyo batosi Liloba na Nzambe te mpe batelemeli

LIFELO

Ye ata soki bayeba Liloba mpe mpona yango, bakozwa etumbu monene mpe mozito koleka mingi mpenza ba oyo bandimelaka te.

Bato oyo mitema mizikisama

Milema mizali kozwa etape na minei na etumbu basala kaka lisumu likoki kolimbisama te, kasi lisusu mitema na bango mizikisama.

Yesu Mobikisi na biso Abakamaka na ekelusu mpona kolimbisa masumu na biso mpe kosikola moto na bilakeli mabe na kufa na seko. Makila ma ye motuya asikolaka ba oyo nioso bandimelaka Ye, kasi balakelama mabe ba oyo bazali kozwa etape na minei na etumbu esala ete bango bakoka te kozwa lobiko ata na makila ma Yesu Christu. Bongo, babakama na ba ekulusu na bango moko mpe bakozwaka bitumbu na bango moko na Nkunda na Nse.

Yudasi Iscariot, moko na bayekoli zomi na mibale na Yesu mpe tango mosusu mofiti oyo ayebana malamu koleka na lisituale na bato, azali ndakisa na liboso.Na miso na ye moko, Yudasi amona muana na Nzambe na mosuni. Akoma moko na bayekoli na Yesu, ayekola Liloba, mpe amona misala na bilembo na bikamwa. Kasi, Yudasi akokaka kolongola moyimi na masumu ma ye te kino suka. Suka suka, Yudasi akonzamaki na Satana mpe atekaki molakisi na ye mpona palata ntuku misato.

Ata mbala boni Yudasi Iscariot alingaka kotubela

Nani azali na mabe koleka: Ponce Pilato oyo akatelaka Yesu mpona kobakisama na ekulusu, to Yudasi Iscariot oyo atekaka Yesu epai na Bayuda? Eyano na Yesu na moko na mituna na Pilato epesi biso eyano malamu:

"Ozali na bokonzi likolo na Ngai te soko epesamelaka yo utana likolo te; Boye ye oyo akabi ngai epai na yo azali na lisumu lileki (Yoane 19:11).

Lisumu Yudasi asala eza;I solo lisumu lileki, oyo moto akoka kolimbisama te mpe apesami molimo na tubela te. Tango Yudasi asosolaka monene na lisumu na ye, a regretaka mpe azongisaka makuta, kasi apesamaka molimo na tubela te.

Na suka na kozanga kolonga mozito na lisumu na ye, na pasi Yudasi Iscariot amibomaka. Misala 1:18 elobeli biso ete Yudasi"Ye Yudasi asomba elanga na libonza na lisumu na ye; Nzoto na ye ebimbi mpe libumu na ye epasolami mpe misopo ma ye nioso misopani." Etalisi biso suka na ye na mawa.

Yudasi abakama na ekulusu

Etumbu na lolenge nini Yudasi azali kozwa na Nkunda na Nse? Na bisika nan se koleka na Nkunda na Nse, Yudasi abakami na ekulusu elongi komonana,Ba ekulusu na ba oyo batelemela Nzambe makasi mitandami. Likambo yango emonani lokola nkunda monene to lilita na sima na etumba monene to bisika na koboma ba nyama etondi na bibwele mikufa.

Kobakama na ekuusu ezali moko na bitumbu mabe koleka

ata na mokili oyo. Kosalela kobakama ezali lokola ndakisa mpe kokebisa na miyibi nioso to ba oyo baling kokoma mpona nini ekokomela bango. Moto nioso oyo abakami na ekulusu, oyo ezali na pasi koleka kufa yango moko, mpona ba ngonga ebelebisika wapi biteni na nzoto na ye ekatani biteni na biteni, ba nyama mike bakolia banzoto, mpe makila nioso ekosopana – na komitungisa alingi kopema noki noki pema na ye ya suka.

Na mokili oyo, pasi na kobakama na ekulusu ezwa katikati na mokolo. Kasi, na Nkunda na Nse bisika minyoko mizali na suka te mpe solo kufa ezali te, somo na etumbu na kobakama ekokoba kino mokolo na esambiseli.

Lisusu, Yudasi alata montole na nzube, oyo ekobaka na kokola mpe etobolaka poso na nzoto na ye, ekotobola mokuwa na moto, mpe ekokende kotobola bongo. Na kobakisa, nan se na makolo ma ye emonani lokola ba nyama na kotutana. Soki botali penepene ezali milimo misusu miye mikweya kati na Nkunda na Nse mpe ata miango mikotungisaka Yudasi. Na mokili oyo, batelemelaka mpe Nzambe mpe batondisaka mabe, lokola mitema na bango mizikisamaka. Bango mpe bazali kozwa bitumbu makasi, mpe makasi na bitumbu bakozwa, mpe mobulu ekoleka kati na bango. MMpe na lolenge na kozongisa mobulu na bango mpe pasi, bazali kokoba na kotsuba Yudasi na makonga.

Bongo batindami na lifelo bakotiola Yudasi, nakolobaka ete, "Oyo nde moteki na Messiah! Asalela biso makambo malamu! Malamu mpo na ye! Boni zoba!"

Monyoko monene na bongo mpona kotekisa Muana na Nzambe

Na Nkunda na Nse, Yudasi Isscariot asengeli kolekela kaka monyoko na nzoto te, kasi lisusu minyoko mingi na bongo na ye. Akobanza tango nioso ete alakelamaki mabe mpona kotekisa Muana na Nzambe. Lisusu, mpo ete Nkombo "Yudasi Iscariot" ekoma molongo na fiti ata na mokili oyo, minyoko na moto na ye mikomata mpe lokola.

Yesu ayebaka wuta kala ete Yudasi akoteka ye mpe nini ekokomela Yudasi sima na liwa. Tala tina Yesu Amekaka kolonga Yudasi na Liloba, kasi ayebaka mpe ete Yudasi akolongama te. Nde, na malako 14:21, tomoni Yesu komilela ete, "Pamba te, Muana na Moto akokende lokola ekomama na Ye, kasi mawa na moto oyo akokaba Muana na Moto! Eleki malamu mpona moto na yango soko abotamaka te."

Na maloba mosusu, soki moto azali kozwa etape na liboso na etumbu, oyo ezali ya pepele koleka, ekokaki kozala malamu mpona ye abotama soko moke te mpo ete pasi ezali monene mingi ebele. Boni mpona Yudasi? Azali kozwa etumbu na bozito koleka!

Mpona kokweya kati na lifelo te

Nani akobanga Nzambe mpe akobatela mibeko ma ye? Ezali ye wana akobatelaka tango nioso mokolo na Nkolo bulee mpe akopesa moko na zomi na ye nioso epai na Nzambe-mibeko mituya mibale na bomoi kati na Christu.

Kobatela mokolo na Nkolo bulee elakisi ete bondimi bokonzi na Nzambe kati na mokili na molimo. Kobatela mokolo na Nkolo bulee ezali elembo oyo endimi mpe esosolisi bino lokola moko na bana na Nzambe. Soki bokobatela mokolo na Nkolo bulee te, ata mbala boni bokotatola bondimi na bino epai na Tata Nzambe, ezali na etaleli na molimo te mpona bozali na bino lokola bana na Nzambe. Na boye, nzela mosusu ezali te mpona bino bobele lifelo.

bomeka ngai sasaipi na yango, soki nakozipwela bino malilisa na Lola te kosopela bino lipamboli kino esika ekozanga mpona yango."

Soki tokowumela sembo epai na Ye na oyo matali moko na zomi, Nzambe, lolenge Alaka, akofungola malilisa na Lola mpe akosopa mingi mpenza na mapamboli ete bisika mikokoka te mpona biso kobomba yango. Kasi, soki bokopesa moko na zomi epai na Nzambe te, elakisi ete bozali kondima elaka na ye na lipamboli te, bozangi kondima mpona kobika, mpe, mpo ete boyibi Nzambe, bozali na bisika mosusu na kokende te bobele lifelo.

Bongo tosengeli kobatela tango nioso mokolo na Nkolo bulee, topesa moko na zomi mobimba na Ye oyo mokolo biloko nioso, mpe kobatela mibeko ma Ye nioso mikomama kati na Biblia. Nabondeli ete moko te kati na batangi na buku oyo akokweya na lifelo.

Kati na chapitre oyo tokozinda na ba etumbu lolenge na lolenge- mikabolama mingi na bitape minei- mikopesamela milema mikatelami mikangemi na Nkunda na Nse. Boni somo, kobangisa, mpe mawa bisika oyo ezali?

2 Petelo 2:9-10 elobeli biso ete "Boye Nkolo Ayebi kobatela bango bakosambela Ye wana ezali bango kati na komekama nde kobatela bakeseni kino mokolo na kosamba mpona kozua etumbu.Eleki mpe bongo na ntina na bango bakobilaka makanisi

na nzoto mpona mposa na bosoto mpe bakoboya bipekiseli. Bazali baton a mito makasi, bato na komikumusa, bakolengaka te wana ezali bango kotuka bikelamo na nkembo."

Evil men committing sins and doing evil, and interfering or disrupting with the works of the church, do not fear God. Such people who blatantly confront God cannot and should not seek or expect to receive God's help in times of affliction and trials. Until the Judgment of the Great White Throne is carried out, they will be confined in the depths of Lower Grave and receive punishments in accordance with the kinds and magnitudes of their evil deeds. Bato mabe bakosalaka masumu mpe mabe, mpe komikotisa to kobebisa misala na egelesia, bakobangaka Nzambe te. Bato na lolenge oyo ba oyo batelemelaka Nzambe bakoki te to bazali na makoki na kozwa lisungi na Nzambe ten a tango na pasi to na komekama. Kino tango na esambiseli na Ngwende Monene na Pembe ekosalema, bakokangema na mozindo na Nkunda na Nse mpe bakozwaka etumbu kolandana na lolenge mpe monene na misala na bango mabe.

Ba oyo babikaka bomoi malamu, na bosembo, mpe na komipesa bazalaka tango nioso na botosi na Nzambe kati na kondima. Nde, atas oki mabe na moto etondaka mokili mpe Nzambe Asengelaka kofungola bikuke na ba likolo, tomoni ete kaka Noa na libota na ye babikaka (Genese 6-8).

Lolenge Noa abangaka Nzambe mpe atosaka Mibeko na Ye mpe sukasuka akimaka esambiseli mpe azwaka lobiko, biso mpe, tosengeli kokoma bana na Nzambe ba oyo batosaka na makambo nioso tokosalaka mpo ete tokokoma bana na Nzambe na solo mpe tokokokisa mokano na Ye.

Chapitre 6

Etumbu mpona kotuka Molimo Mosantu

1. Konyokwama kati na nzungu na mai kotoka
2. Komata ngomba oyo etengama
3. Kozikisama monoko na ebende na moto
4. Masini monene na kopesa minyoko
5. Kokangama na mobimbi na Nzete

"...oto na moto oyo akoloba mabe na ntina na Mwana, ekolimbisamela ye; nde mpona oyo akotuka Molimo Mosanto, ekolimbisamela ye te."
(Luka 12:10)

"Pamba te mpona bango basili kongengelama mpe koleta likabo na Lola mpe kosangana na Molimo Mosantu, bayoki elengi na Liloba na Nzambe mpe nguya na ekeke ekoya; soko na nsima basili kopengwa, nzela na kobongola bango lisusu motema ezali te mpo bazali kobakisa Mwana na Nzambe na ekulusu bango mpenza, mpe bazali kotiola Ye."
(Baebele 6:4-6)

Etumbu mpona kotiola Molimo Mosantu

Na Matai 12:31-3, Yesu Alobeli biso ete, "Bongo nazali koloba na bino ete bato bakolimbisama masumu nioso mpe kotuka nioso, nde lituki kotuka Molimo na Bulee bakolimbisama na yango te. Ye nani akoloba liloba kotelemela Muana na Moto akolimbisama mpona yango. Nde ye nani akoloba liloba kotelemela Molimo Mosantu ekolimbisamela ye te, soko na ntango oyo soko na ntango ekoya."

Yesu Alobaki maloba oyo epai na Bayuba, ba oyo bapamelaki Ye mpona koteya Sango Malamu mpe kolakisa misala na Nguya na Nzambe, nakolobaka ete akangemaki na nguya na milimo mabe to azalaka kosala bikamwa na nguya na moyini Satana na zabolo.

Ata lelo, ba mingi oyo bakolobaka ete bandimela Christu bakatelaka mangomba miye mitondisama na misala na nguya mpe bikamwa na Molimo Mosantu, mpe bakobenga bango lokola "bapengwi" to "misala na zabolo" kaka mpo ete bakoki, basosoli, mpe bandimi yango te. Kasi, lolenge mosusu nini mpona bokonzi na Nzambe mpe Sango Malamu epanzana mokili mobimba soki nguya mpe mpifo ewutaka na Nzambe te, oyo elingi koloba, misala na Molimo Mosantu? Kotelemela misala na Molimo Mosantu ekeseni te na kotelemela Nzambe Ye moko. Nzambe nde, Akondima te ba oyo bazali kotelemela misala na Molimo Mosantu lokola bana na Ye, ata mbala boni bakomimona "BaKristu."

Nde, bokanga na bongo ete ata sima na komona Nzambe kozala na mosali na Ye mpe bikamwa mpe bilembo mpe milulu kosalema, soki moto akokoba na kobenga mosali na Nzambe mpe egelesia na Ye lokola "bapengwi", asi atelemeli mpe atuki

LIFELO

mpenza Molimo Mosantu mpe bisika oyo etikali mpona ye ezali mozindo na lifelo.

Soki egelesia, Pasteur, to mosali na Nzambe mosusu akondima solo Nzambe Misato, andimaka Biblia ete ezali Liloba na Nzambe mpe ayekolisaka yango, ayebi bomoi nakoya na soko Lola to lifelo mpe esambiseli, mpe akondimaka ete Nzambe Azali na bokonzi likolo na nioso mpe Yesu ezali Mobikisi na biso mpe akolakisa miango lolenge oyo, moto te asengeli to akoki kokatela mpe kobenga egelesia, Pasteur, mpe basali na nzambe "Bapengwi."

Nabanda egelesia Manmin na mbula 198 mpe nakamba milimo ebeleo nzela na lobiko na nzela na misala na Molimo Mosantu. Na nkamwa, kati na bato ba oyo bamonaka bango mpenza misala na Nzambe na bomoi, bango nde batelemelaki Nzambe na kotelemela misala na lingomba, mpe kopanza sango na lokuta mpe lokuta likolo na ngai mpe egelesia.

Na kolimbolela ngai na mozindo pasi mpe minyoko na lifelo na mozindo, Nzambe mpe atalisaka ngai likolo na bitumbu mikozela na Nkunda na nse ba oyo bakotelemela Molimo Mosantu. Etumbu na lolenge nini bango bakozwa?

1. Konyokwama na Nzungu na Bimeli Mizali Kotoka

Nazali koyoka mabe mpe nalakeli mabe mokano na libala nasala na mobali nangai. Pona nini nazali na bisika oyo na bosoto? Akosaka ngai mpe likolo na ye, nazali awa!

Oyo ezali komilela na Mwasi oyo azali kozwa etape na minei na etumbu na Nkunda na Nse. Tina komilela na ye ezali kopanzana na echo kati na molili mpe bisika na mputulu ezali mpo ete mobali na ye akosaki ye mpona kotelemela Nzambe elongo na ye.

Muasi azalaka mabe kasi motema na ye ezalaki, na lolenge moko, kobanga Nzambe. Nde, muasi akokaka kotelemelaMolimo Mosantu te mpe atelemelaki Nzambe na lolenge na ye moko. Kasi, na kolukaka baposa na ye na mosuni, motema na ye ekangamaka na oyo na mobali na ye na mabe, nde babalani batelemelaka Nzambe makasi kati an mosala na Ye.

Babalani oyo elongo basalaki mabe bazali sik'awa kozwa etumbu lokola babalani ata na Nkunda na Nse, mpe bakonyokwama mpona misala na bango mabe nioso. Nini bongo etumbu na bango kati na Nkunda na Nse?

Babalani banyokolami moko na moko

Nzungu etondisami na solo mabe makasi mpe milimo miye mikatelami mikozindisama kati kati na bimeli mizali kotoka, moko na moko. Tango motindami na lifelo akotia molimo moko na moko kati na nzungu, moto na bimeli mikozikisa nzoto mobimba- Sik'awa ekokoma lokola mokongo na ligorodo- mpe mboma na miso mikobima.

Bisika nioso bakomeka kokima etumbu oyo mpe kobimisa moto libanda na nzungu, likolo monene ekobima mpe ekonyata mitu na bango. na makolo na batindami na lifelo biloko milonama lokola mabende mike to ba nzube. Tango banyatami na makolo oyo, milema mikopusama na makasi kati na ba nzungu na kovimba makasi mpe kopalolama na nzoto.

Sima na tango, milema mikoluka lisusu kobimisa mitu na bango libanda mpo ete bakoka te kondima pasi na kondima. Sima na wana, lolenge esalema mbala mingi, bakonyatama mpe bazongisami na kati na nzungu. Lisusu, mpo ete milimo mizwaka minyoko moto na moto, soki mobali azali kati na nzungu, muasi asengelimkotala pasi na ye, mpe mobali mpe lokola.

Nzungu oyo ezali komonana, nde kati na yango ekomonana libanda. Liboso, tango mobali to mwasi akomona molongani na ye konyokwama na lolenge oyo na mabe, mpona bolingo na moko na moko akolela mawa likolo na molongani na ye.

Muasi na ngai azali kuna!
Bolimbisi bobimisa ye !
Bolimbisi bobimisa ye na pasi.
Te, te, bonyata ye te.
Bolimbisi bobimisa ye libanda,
bolimbisi !

Kasi sima na tango, kobondela na mobali ekosila. Sima na ye kopesama etumbu na tango moke, aye na kososola ete tango muasi na ye azali konyokwama, akoki kopema, mpe tango azali kobima libanda na nzungu, ezali ngonga na ye kokota na kati.

Kofundana mpe kolakelana mabe

Babalani na mokili oyo bakozala bongo na Lola te. Kasi, kasi babalani oyo bakotikala babalani na Nkunda na Nse, mpe kozwaka etumbu elongo. Nde, mpo ete bayebi ete basengeli kozwa etumbu moto na moto na tango na ye, kobondela na bango sik'awa mikomi na lolenge mosusu mpenza.

Te, te, bolimbisi bobimisa ye libanda te. Tika ye afanda lisusu kuna tango molayi. Bolimbisi botika ye kuna mpo été napema moke koleka.

Mwasi alingi ete mobali na ye akoba na konyokwama, mobali mpe azali kobondela mpo ete mwasi na ye afanda kati na nzungu tango molayi ekoki. Kasi, kotala moko konyokwama ekopesa tango na bopemi na mosiusu te. Bopemi moke ekoka te kosilisa pasi molayi, mingi mpo été mobali ayebi été sima na mwasi, ezali tango na ye. Lisusu, tango moko azali kati na minyoko mpe akomona mpe akoyoka mosusu kosenga mpona bowumeli na pasi, bango mibale bakolakelama mabe.

Awa tokososola malamu likolo na bolingo na mosuni. Tina na bolingo na mosuni- mpe makambo matali lifelo- ezali tango moto akonyokwama na pasi makasi na koleka, ye akoluka ete mosusu anyokwama, na bisika na ye.

Na lolenge mwasi azali koyoka mabe na kotelemela Nzambe "likolo nay o nazali bisika oyo!" na kozongisa, na mongongo makasi, mobali akolakela mwasi mabe oyo asungaki ye mpe asanganaki na ye na misala na ye mabe.

LIFELO

Mingi na mabe babalani bakosala…

Batindami na lifelo na Nkunda na Nse bazali na esengo koleka mpe sai na mobali oyo mpe mwasi ba oyo bazali kolakelana mabe, mpe bakosenga batindami ete molongani na moko anyokolama tango molayi koleka mpe makasi koleka.

Tala, bazali kolakelama mabe ata awa!
Mabe na bango ezali kosepelisa biso mingi!

Lokola bazalaki kotala film ya malonga, batindami na lifelo bakotala na kokeba mpe awa mpe kuna bakobakisa moto makasi mpona komisepelisa. Na lolenge muasi mpe mobali bakonyokwama na koleka, bango bakolakelama mabe na koleka, mpe koseka na batindami mpe ekomata.

Tosengeli kososola malamu likambo moko awa. Tango bato bazali kosala mabe ata na bomoi oyo, milimo mabe bakosepela mpe bazali na esengo. Na tango moko, ebele na mabe bato bakosala, bakokoma lisusu mosika na Nzambe.

Tango bokutani na pasi mpe bokosangana na mokili, komilela, koloba loba, to bokozwela moto moko nkanda to mpona likambo, moyini zabolo akoyela bino noki noki, mpe akomatisa ba pasi mpe minyoko na bino.
Moto na bwanya oyo ayebi mobeko na mokili na molimo akotikala komilela to kolelalela te, kasi kutu akopesa matondi na makambo nioso mpe na ezaleli malamu akotatola tango nioso kondima na ye epai na Nzambe, mpo ete basosola ete motema na

bango etalisami kaka epai na Ye. Lisusu, soki moto mabe, mabe mpenza anyokoli bino, lolenge Baloma 12:21 elobeli biso ete "Tika te ete mabe ezongisa yo sima, kasi yo zongisa mabe sima na mpo malamu," Bosengeli tango nioso kolonga mabe na malamu mpe botika nioso na bino epai na Nzambe.

Na lolenge oyo, tango bokolanda oyo ezali malamu mpe bokotambola kati na pole, bokozwa nguya mpe mpifo na kolonga influence na milimo mabe. Bongo, moyini Satana na zabolo mpe nioso bakokoka te.

Na nse na circumstance nioso bosengeli kolongola mabe na lolenge moyini na biso Satana na zabolo balingeli, kasi bokanisa tango nioso kati na bosolo mpe bosala na kondima na lolenge oyo ezali kosepelisa Tata na biso Nzambe.

2. Komata na ngomba oyo ezali perpendiculaire

Bozala basali na Nzambe, ba mpaka, to basali kati na egelesia, mokolo moko bokoki kokoma ebwele na Satana soki bokokata ngenga na motema na bino te kasi bokokobaka na kosumuka. Bato misusu bakkobalolela Nzambe mokongo mpo ete baling mokili. Basusu bakotika koya na egelesia sima na bango komekama. Kasi misusu bakotelemela Nzambe na kobebisa misala na lingomba na ye mpe mosala, yango ekotika bango na lisungi moko te o nzela na kufa.

Likambo na libota mobimba kotika Nzambe

Lifelo

Oyo elandi ezali lisolo na libota na moto oyo azalaka sembo na mosala na Nzambe kati na ndako na Ye. Bakataka ngenga na mitema na bango te, oyo etondisamaki na motema moto mpe moyimi. Bongo, bapanzaki nguya na bango na bandimi mususu kati na egelesia mpe basumukaki mbala na mbala. Na suka, etumbu na Nzambe ekitelaki bango, lolenge tata na libota azwamaki na bokono makasi. Libota mobimba basanganaki mpe bapesaki mabondeli na tubela mpe libondeli mpona bomoi na ye.

Nzambe ayambaka libondeli na bango ya tubela mpe Abikisaka tata. Na tango wana, Nzambe ayebisaka ngai likambo nazelaka te: "Soki nabengi molimo na ye sik'oyo, akoki ata kozwa lobiko na soni. Soki natiki ye abika lisusu tango molayi, akozwa lobiko moko te."

Nasosolaka te nini Alingaki koloba kasi sima na ba sanza moke, lolenge namonaka bizaleli na libota, nasosolaki yango. Moko na ndeko na libota wana azalaka mosali na sembo na egelesia na ngai. Ayaka kobanda kotelemela egelesia na Nzambe mpe bokonzi na Ye na matatoli na lokuta likolo na egelesia mpe nakosalaka makambo misusu na mabe. Na suka, libota mobimba ekomaka kopengwa mpe bato nioso babalolelaka Nzambe mokongo.

Tango basali ya kala na egelesia na ngai batelemelaka makasi mpe batukaka Molimo Mosantu, ba oyo batikalaka na libota wana basalaka masumu miye mikolimbisamaka te, mpe tata oyo abikisamaka na libondeli na ngai akufaka sima wana. Soki tata akufaka tango azalaka ata na bondimi moke, akokaka kobikisama. Kasi, abwakisaka kondima na ye, na komitikelaka libaku malamu te mpona lobiko. Lisusu, moko na moko na baton a libota oyo bakokweya mpe kati na Nkunda na Nse, bisika tata akweya, mpe bisika bango nioso basengeli kozwa bitumbu. Nini etumbu na bango ekozala?

Komataka ngomba etengama na kopema te

Na bisika oyo libota ezali kozwa etumbu, ezali na ngomba oyo etengama. Ngoomba yango ezali mpenza molayi ete suka na yango emonanaka na nse te. Mingongo makasi na kobangisa mitondisi likolo. N akati kati na ngomba oyo na makila ezali na milimo misato kozwa etumbu, ba oyo soki na mosika bakomonana lokola bambuma misato.

Bazali komata ngomba na pasi oyo na maboko mpe makolo ngulu. Lokola maboko mpe makolo na bango mikangemaki na makasa, poso nanzoto na bango noki noki mikopalolama mpe mikobeba. Ba nzoto na bango mizindisami na makila. Tina bazali komata na ngomba oyo ezali mpona kokima motindami na lifelo oyo azali kopinbwa na bisika.

Sima na motindami oyo na lifelo kotala milimo oyo misato komata ngomba mpona ngonga moko, akotombola loboko na ye, ba nyama mike mike na lolenge lokola kaka motindami na lifelo bakopanzana bisika nioso lokola ba mbuma na mai likolo na matiti. Na kotalisa mino na bango songe na minoko na bango mifungwama, ba nyama oyo bakomataka noki noki ngomba mpe bakolanda milimo.

Kanisa komona ebele na ba milepate, araigner minene, mpe

ba mpese minene, bango nioso minene lokola mosapi na loboko, batondi na nse tango bokoti ba ndako na bino. Lisusu, bokanisa ba nyama oyo nioso na kobangisa koyela bino, bango nioso na mbala moko.

Kotala kaka nyama oyo moko ekoki mpona kobangisa bino. Soki bango nioso bakoyela bino na mbala moko, ekoki kozala eloko na somo koleka na bomoi na bino. Soki babandi komatela bino na makolo na likolo mpe kala te kozipa nzoto mobimba, lolenge nini moto akoki kotalisa likambo yango?

Kasi na Nkunda na Nse, ekoki te koloba soki ba nyama oyo bazali ba nkama to ba nkoto. Milema miyebi kaka ete bazali ebele na kotanga te, mpe ete ba misato oyo nde bilei na bango.

Ba nyama mike na kotanga te bakoyela milimo misato

Na komonaka ba nyama oyo nan se na ngomba, milimo oyo mizali komata ngomba noki noki. Kasi kala te, milimo misato mikangemi, bamateli bango, mpe bakokweya na mabele bisika wapi batikami bango moko mpona biteni nioso na ba nzoto na bango koliama na ba nyama mabe oyo.

Tango biteni nanzoto na milimo oyo misato mitefunyami, pasi ezali mpenza makasi mpe ekoki kondimama te ete bakonganga lokola ba nyama mpe bakobalola balola ba nzoto na bango na elikya te liboso mpe na sima. Bakomeka kolongola ba nyama wana na bango moko, mpe bakosala bongo na konyatama na moto mpe na kofinana, na lolenge bakokoba na kofingana mpe kolakelama mabe.. Kati kati na pasi oyo, moko na moko akobimisa mabe na koleka basusu, mpe akoluka kaka lifuti na ye moko mpe akokoba kolakelana mabe. Batindami na lifelo bakosepelaka na yango koleka nioso oyo bango bamona.

Bongo tango motindami na lifelo oyo azali kokonza bisika akotombola loboko na ye mpe akolokota ba nyama nioso, na ngonga moko bango bakolimwa. Milimo misato miikoyoka koliama na ba nyama mbala oyo te, kasi bakoki te kotika komata ngomba etengama. Bayebi malamu boni motindami na lifelo oyo apunbwaka akobimisa lisusu ba nyama na kala te. Na makasi na bango nioso, bazwi ekateli na komata ngomba etengama. Na bisika oyo na kimya na lokuta, milimo misato mikangemi na bobangi na makambo na koya mpe bazali konyokwama mpona komata ngomba.

Pasi na koliama oyo bazali kozwa tango bazali komata ngomba ekoki kobosanama na pete te. Kasi, mpona bobangi na ba nyama mikoliaka ba nzoto na bango mpe kopasola bango na biteni biteni ezali makasi koleka, milimo oyo misato bakotala ba nzoto na bango mitondisami na makila te, mpe mikomata mbangu koleka, na lolenge bakoki. Boni pasi mpe mawa makambo oyo ezali!

3. Kozikisama na Monoko na Ebende na Moto

Masese 18:21 elobeli bisi ete "Kufa mpe bomoi ezali na nguya na lolemo; baoyo baling yango bakolia mbuma na yango." yesu na Matai 12:36-37 Alobeli biso ete, "Nazali koloba na bino ete na mokolo na kosamba, bato bakosamba mpona bilobaloba nioso ezali bango koloba; mpo ete maloba ma yo makolongisa yo mpe maloba ma yo makokitisa yo.

Makomi oyo mibale elobeli biso ete Nzambe Akokatela biso kolandana na maloba na biso.

Na loboko moko, baoyo balobaka maloba malamu na solo bakobota mbuma malamu kolandana na maloba na bango. Na loboko mosusu, ba oyo balobaki maloba mabe na kozanga kondima bakobota ba mbuma mabe kolandana na maloba na bango mabe balobaki na bibebu na bango mabe. Tango misusu tomonaka ndenge nini maloba malobamaki na pamba makoki komema pasi mpe minyoko.

Maloba nioso makozwa lifuti

Bandimi misusu, mpona minyoko na mabota na bango, bakoloba to bakobondela ete, "Soki libota na ngai bakoki kotubela o nzela na likama, ekozala malamu mpona yango." Na tango moyini zabolo mpe Satana bakoyoka maloba mana, bakofunda moto wana epai na Nzambe nakolobaka ete, "Maloba na moto oyo ekokisama." Nde, maloba oyo makokoma nkona mpe likama.

Ezali solo na bosenga ya komema pasi likolo na bino moko na maloba pamba mpe mizanga tina? Kasi, tango mapata na minyoko mizingi bomoi na bango, bato mingi bakweyaka. Basusu basosolaka at ate ete minyoko miyaka mpona maloba na bango moko, mpe basusu bayebaka lisusu te nini bango balobaki mpona komema kokoso oyo.

Bongo, na kobatela na bongo ete maloba nioso ekofutama na lolenge moko to mosusu, tosengeli tango nioso kozala na bizaleli malamu mpe kobatela bibebo na biso. Ata soki makanisi na bino milingaki bongo te, soki oyo bolobi ezali likambo malamu te mpe kitoko, Satana akoki na pete- mpe solo- akokanga bino na maloba na bino me bokonyokwama, mpe tango mosusu mitungisi oyo bolingaki te.

Nini ekosalema pona moto oyo azali kokosa na nko mpona egelesia na Nzambe mpe mosali na Ye molingami, mpe na bongo kotelemela makasi mosala na Nzambe mpe kotelemela Nzambe? Ye akomemana noki noki na nse na nguya na Satana mpe na etumbu na lifelo.

Elandi ezali kaka elembo na etumbu epesamelaka na ba oyo nioso batelemelaka Molimo Mosantu na maloba na bango.

Bato batelemelaka Molimo Mosantu na maloba

Ezalaki na moto oyo ayaka mpe asalaka kati na lingomba na ngai mpona tango molayi, na kozala na misala ebele. Kasi, akataka ngenga na motema na ye te, oyo ezali mpenza likambo na motuya koleka mpona Mo Kristu. Na libanda amonanaka lokola mosali na sembo oyo alingaka Nzambe, egelesia, mpe bandeko na ye na egelesia.

Kati na bandeko na ye na libota ezalaki na moto oyo abikaka na bokono oyo ezanga lobiko yango ekokaka kotika ye mokakatani mpona libela mpe mosusu oyo abikaka na pembeni na liwa. Libanda na wana, libota na ye emonaka mapamboli mingi na Nzambe, kasi atikala kokata ngenga na motema na ye te mpe lkolongola mabe. Nde, tango lingomba lokola moko ekotaka na kokoso makasi, bandeko na libota na ye bamekamaka na Satana mpona kobwakisa yango. Na kokanisaka ngolu oyo azwa kati na lingomba te alongwaka egelesia oyo asalelaka b ambula ebele. Lisusu, abandaki kotelemela egelesia oyo mpe na kala te, lokola moto na koteya Sango Malamu, ye moko abandaki kotala bandimi mpe komikotisa kati na kondima na bango.

Ata soki alongwaka egelesia mpona bozangi kati na kondima na ye, akokaka kozwa mawa na Nzambe na suka, soki kaka afandaka kaka kimya na makambo oyo amesaneke nan go te mpe ameka na kososola malamu na mabe.

Kasi akokaka te kolonga mabe na ye moko mpe asumukaka ming na bibebo na ye, ete sik'awa kaka lifuti na pasi monene ezali kozela ye.

Monoko ezikisami mpe nzoto ebalolami

Motindami na lifelo akozikisa monoko na ye na ebende na moto mpo ete atelemelaki mingi Molimo Mosantu na maloba makobimaka kati na monoko na ye.

Lisusu, molema etindikami mpona kokota tube na talatala oyo ezali na bitelemeli na bisika mibale, bisika bisimbeli na mabende mitiama. Tango batindami na lifelo bakobalusa bisimbeli oyo, nzoto na mokangemi ekobalulama. Nzoto na ye ekobalulama lisusu mpe lisusu, lokola mai na mbindo ekamolamaka na elamba na kokopola, makila na molimo makobima na miso na ye, zolo, monoko, mpe madusu nioso na nzoto na ye. Na suka, makila ma ye nioso mpe nioso makobima na ba cellule na ye.

Bokoki kobanza makasi na lolenge nini esengeli na kobalola lisapi na loboko na bino mpona kobimisa litanga na makila?

Makila na molimo oyo ekobima kaka na kokamolama na eteni moko na nzoto te kasi na nzoto mobimba, kobanda moto kino mosapi na lokolo. Mikuwa na ye nioso mpe misisa mikobalolama mpe mikopanzana mpe biteni na ye nioso mikobeba, mpo ete ata litanga na eloko moko te etikala kati na ye. Boni pasi yango esengeli kozala!

Suka suka, tube na tala tala ekotondisama na makila mpe main a nzoto na ye, nde emonani na mosika lokola molangi na vigno motane. Sima na motindami na lifelo kokamola kamola nzoto na molema kino litanga na suka na nzoto na ye kobima, bakotika nzoto mpona ngonga moko, mpona kotikela yango tango na kozongela.

Mpona kotelemela bokonzi na Nzambe na lolemo na ye, lolemo na molimo oyo ezali kozikisama mpe lokola lifuti mpona kosalisa mingi misala na Satana, litanga nioso na main a makila na nzoto na ye ekamolami.

Na mokili na molimo, moto abukaka oyo akolona, mpe nioso asalaki ekosalemela ye. Bolimbisi bobomba yango na ba bongo na bino, mpe bokweya kati na mabe te kasi kaka na maloba malamu mpe misala, bobika bomoi oyo ezali kokumisa Nzambe.

4. Masini Monene mingi Mpona konyokola

Molimo oyo amona ye moko misala na Molimo Mosantu

tango abikisamaka na bokono mpe bolembu. Sima wana, abondela na motema na ye nioso mpona kokata ngenga na motema na ye. Bomoi na ye ekambamaka mpe etambwisamaka na Molimo Mosantu mpe ebota mbuma, azwa kokumisama mpe bolingo na bandimi na egelesia, mpe akomaka mosali na Nzambe.

Kokangama kati na lolendo na ye moko

Na lolenge azwaka lokumu mpe bolingo na bato zinga zinga na ye, akomaka lisusu na lolendo ete akokaka komitala malamu te mpe na komisosola te atikaka kokata ngenga na motema na ye. Azalaka tango nioso moto na moto moto mpe na likunia, mpe bisika na kobwakisa makambo mana, abandaka kokatela mpe kotuka ba oyo bazalaka malamu, mpe azalaka kokangela motema na ba oyo nioso bandimaka mpe basepelisaka ye te.

Tango moto akangemi kati na lolendo na ye mpe asali mabe, mabe na koleka ekobima kati na ye mpe akomikanga lisusu te to akoluka lisusu koyoka toil na moto te. Molema oyo atondisaka mabe likolo na mabe, akangemaka kati na motambo na Satana, mpe atelemelaki Nzambe na polele polele.

Lobiko akokakak te tango moto azwi Molimo Mosantu. Ata soki botondisami na Molimo Mosantu, bomoni ngolu, mpe bozali kosalela Nzambe, bozali lokola mokimi mbangu na momekano oyo azali naino na nzela molayi na suka na momekano-kopetolama. Ata mokimi akokima malamu boni, soki atiki to abimi libanda, akosunga ye soko moke te. Bato mingi bazali kopota mbangu kino suka na momekano- Lola. Ata bokimaki mbangu na lolenge nini, ata mbala boni bokoma pene pene na mondelo na suka, soki botiki momekano, yango ekomi mpe suka mpona bino.

Bokanisaka te ete botelemi ngwi

Nzambe ayebisi mpe biso ete soki tozali na kondima na "kati kati," tokobwakisama (Emoniseli 3:16). Ata soki bozali moto na kondima, bosengeli tango nioso kotondisama na Molimo Mosantu; kobatela molende mpona Nzambe; mpe na bopikiliki kokangama na bokonzi na Lola. Soki bootiki mbangu na bino na kati kati, lokola oyo akotaki kati na momekano ten a ebandeli, bokoki kobikisama te.

"Mokolo na mokolo nazali kokufa! Nalobi boye bandeko mpona lolendo lozali kati na ngai mpona bino kati na Kristo Yesu Nkolo na biso" (1 Bakolinti 15:31)" mpe lisusu Mpona yango, ntoma Polo, oyo azalaka sembo epai na Nzambe na motema na ye mobimba, atatolaka ete "Nazali kobeta nzoto na ngai mpe nakokomisa yango lokola moumbo ete nazala moboyami te awa esili ngai koteya bamosusu."

Ata soki bozali na bisika na koteya bamosusu, soki bokolongola makanisi na bino moko te mpe bokobeta ba nzoto na bino moko te mpona kokomisa yango moumbo na bino lolenge ntoma Polo asalaka, Nzambe akowangana bino. Yango mpo ete "Moyini na bino, zabolo azali konguluma lokola kosi, na kolukaka moto na kolia" (1 Petelo 5:8).

1 Bakolinti 10:12 etangi ete, Bongo tika ete oyo akanisi azali

kotelema ngwi, akweya te." 1 Bakolinti 10:12 etagi ete, "

Mokili na molimo ezanga suka mpe kokoma na biso na lolenge na Nzambe mpe ezali mpe na suka te. Lolenge moloni alonaka nkona na tango na ebandeli na molunge, akolandela yango na tango na molunge, mpe akobuka mbuma na tango na suka na molunge, bosengeli tango iso kokoba mpona kokomisa milimo na bino malamu. Nde etumbu na lolenge nini ekozela molimo oyo atikaki kokata ngenga na motema na ye, mpo ete akanisaka ete atelemaka ngwi, mpe suka suka akweyaka?

Masini oyo ekokanaka na motindami na lifelo, mwange mokweya, mokonyokola ye. Masini ezali mbala ebele monene koleka motindami na lifelo, mpe ekobangisa ye kaka na kotala yango. Na suka na masini ezali na manzaka na nzube koleka molayi na moto.

Masini monene oyo ekangi molimo na kingo na loboko na yango na mobali mpe ekokamola moto na molema oyo na manzaka na ye na loboko na muasi mpe ekozindisa yango na bongo na ye. Bokoki kobanza boni pasi yango ekoki kozala?

Pasi oyo ezali somo mingi: pasi na bongo ekoki kondimama te. Liboso na miso na molimo ezali na eloko lolenge na video oyo ezali kolakisa ba tango na ye na esengo na bomoi oyo : esengo ayokaka tango azwaka ngolu na Nzambe na sika, na kosanjola ye na esengo, tango tango alingaka kokokisa mokano na Yesu 'na kokende kokomisa bikolo nioso bayekoli na ye,' mpe bongo na bongo.

Minyoko na bongo mpe kosekama

Mpona molimo oyo eloko na eloko ezali tolo tolo na motema na ye. Azalaka mosali na Nzambe na nguya nioso mpe azalaka na elikya mingi mpona kobika na nkembo na Yelusalema ya Sika. Sik'awa akangemi kati na bisika oyo ya somo. Tolo tolo oyo ezali kopanza motema na ye na biteni biteni. Molimo akoki lisusu te kokanga pasi na bongo na ye mpe akobomba moto na ye etonda makila kati na maboko na ye. Akobondela mpona ngolu mpe suka na monyoko, kasi ezali na suka te.

Sima na tango moke, masini na minyoko ekitisi molimo oyo nan se. Nde, motindami na lifelo, oyo azalaka kotala molema konyokwama, akozinga mpe koseka ye, nakolobaka ete, "Lolenge kani okokaki kozala mosali na Nzambe? Okomaki aposolo na Satana, mpe sik'awa ozali esakeneli na Satana."

5. Mokangami na Ndambo na Nzete

Oyo ezali etumbu na mosali na Nzambe ya kala, oyo alakisa bandimi na egelesia na ye mpe azalaka mokambi na makambo mingi na motuya.

Kotelemela Molimo Mosantu

Molema oyo ezala na mposa makasi na koyebana, bozwi na biloko, mpe nguya na lolenge na ye. Asala misala na ye na molende kasi asosolaka bolozi na ye moko te. Na tango moko, atikaka kobondela, mpe atikaka kokata ngenga na motema na ye.

LIFELO

Na bozangi bososoli mabe nioso makolaka kati na ye lokola mayebo mabe, mpe tango egelesia bisika wapi azalaka mosali ezwaka likama, akamatamaki mbala moko na nguya na Satana.

Tango atelemelaka Molimo Mosantu na sima na komekama na Satana, masumu maye makomaki makasi koleka mpo ete azalaka mokambi kati na lingomba na ye mpe akotelaka bandimi mingi mpenza na mabe mpe abebisaki bokonzi na Nzambe.

Moto na konyokwama na kosekama

Moto oyo azwaka etumbu na kokangama na ndambo na nzete na Nkunda na Nse. Etumbu na ye eleki oyo na Yudasi Iscariot te, kasi ezali makasi mpe ekoki kondimama soko moke te.

Motindami na lifelo akolakisa molimo oyo bilili oyo mizali kobanzisa ye tango na ye na esengo koleka na bomoi na ye, mingi tango oyo azalaka mosali na Nzambe na sembo.Monyoko oyo na bongo ebanzisi ye ba tango na esengo azalaka na yango mpe libaku malamu na kozwa mapamboli mingi na Nkolo kasi atikala kokata ngenga na motema na ye te mpona moyimi mpe bozango solo na ye, mpe azali sik'oyo awa mpona kozwa etumbu mabe boye.

Na kodiembelisama na matolo ezali ba mbuma moindo mingi, mpe sima na kotalisa molimo oyo bilili, batindami na lifelo bakotalisa likolo mpe bakoseka ye, nakoloba ete, "Moyimi na yo eboti mbuma na lolenge oyo!" Bongo bambuma mikokweya moko na moko. Mbuma moko na moko ezali moto na ba oyo balandaka ye na kotelemela Nzambe. Basalaka masumu moko na molimo oyo, mpe biteni na ba nzoto na bango, sima na monyoko makasi, mikatamaki. Kaka mito na bango, miye mikodiembela na likolo nde mitikali. Molimo oyo mokangemi na eteni na nzete amemaka bato oyo na nzela na moyimi mpe na kosala mabe, nde bakoma ba mbuma na moyimi na ye.

Tango nioso mosali na lifelo akoseka ye, koseka oyo ekokoma etinda mpona ba mbuma oyo kokweya mpe kopasuka moko na moko. Bongo moto ekobanda kobaluka libanda na saki mopasuki. Maboke, documentaire na makambo na kala to na action, masano, to filme bisika wapi kingo na moweyi mokatami na suka mipanzani, elongi etondisama makila, bibebo mibeba, mpe mboma na miso libanda. Mito mikokweya wuta na likolo mizali lolenge moko na oyo na maboko to filme.

Mito mikweya na likolo mikosuaka molema

Tango mito mibebisama mikokweya wuta likolo, mikobanda kokangama na molimo moko na moko. Ya liboso ekokangama na makolo mpe mikosua mosuni na yango.

Likambo mosusu na bilili mikoleka liboso na miso na molema mpe motindami na Lifelo akoseka ye lisusu, nakolobaka ete, "Tala, moyimi nay o mokodiembelaka boye!" Bongo, saki mosusu kowuta na plafond ekokweya, kopasuka, mpe moto mosusu mokobima mpe mokozwa makasi loboko na molimo oyo.

Na lolenge oyo, tango nioso motindami na lifelo mokoseka molimo oyo, mitu kowuta na plafond mikokweya, moko na moko. Mitu oyo mikopusana pene pene na nzoto na molimo oyo lokola nzete kobota mbuma ebele. Pasi na koswama na mitu oyo ekeseni makasi koleka na oyo na koswama na moto to nyama kati na mokili oyo. Poison y amino songe na mitu oyo mikopanzana longwa na bisika aswami mino kino kati na mikuwa, mpe mikokomisa nzoto makasi mpe moindo. Pasi oyo ezali mpenza makasi ete koswama na nyama moke to kokatama mosuni na nzoto mimonani pasi moke.

Milema na mitu ya pamba misengeli konyokwama na kozala na ba nzoto na bango kokatema biteni biteni mpe kokamolama. Boni nkanda bakozala na yango epai na molimo oyo? Ata soki batelemelaka Nzambe mpona mabe na bango moko, posa na bango ya kofuta ye mpona bokweyi na bango ezali mpenza monene mpe na meyele mabe mingi.

Molimo oyo eyebi malamu ete ezwi etumbu mpona moyimi na ye. Kasi, bisika na koyoka mabe to kotubela masumu na ye, akomipesa na kolakela mabe mitu na milimo misusu miye mikoswaka mpe mikofinaka nzoto na ye. Na koleka na tango mpe pasi ekomata, molimo mokokoma mabe mpe mabe koleka.

Bosengeli te kosala masumu makolimbisamaka te

Napesi ba ndakisa mitano na bitumbu miye mizali kopesama na bato oyo batelemela Nzambe. Milimo oyo misengeli kozwa ba etumbu makasi koleka basusu mpo ete, mpo ete na tango moko na bomoi na bango, basalelaka Nzambe mpona kokomisa bokonzi na Ye monene lokola bakambi na mangomba na bango.

Tosengeli kobanza awa ete milimo mingi, mikweya kati na Nkunda na Nse mpe mizali kozwa bitumbu, bango nioso bakanisaka ete bandimelaka Nzambe, mpe na molende mpe na bosembo basalelaka Ye, basali na Ye, mpe egelesia.

Lisusu, bosengeli kokanisa kotikala soko moke te koloba mabe, kotelemela, to kotuka Molimo Mosantu. Molimo na tubela mokopesamela ba oyo bazali kotelemela Molimo Mosantu te, mingi mpo ete bazali kotelemela Molimo Mosantu sima na bango kotatola bondimi na bango epai na Nzambe mpe na sima na bango komoona misala na Molimo Mosantu. Nde, bakoka te ata kotubela.

Kobanda ebandeli na mikolo na mosala na ngai kino lelo, natikala koloba mabe na egelesia mosusu te to basali na Nzambe misusu, mpe natikala kobenga bango "bapengwi te." Soki ba egelesia misusu mpe basali bakondimela Nzambe misato, bakondima bozali na Lola na lifelo, mpe bakoteya mateya na lobiko na nzela na Yesu Christu, lolenge nini bakoki kozala bapengwi?

Lisusu, ezali kotelemela Molimo Mosantu polele polele ko katela mpe kopesa nkombo na egesia bisika wapi mosali oyo Nzambe Atalisaka bozali mpe mpifo na Ye. Mpona lisumu eye, bokanga yango na moto ete bolimbisi ezali te.
Bongo, kino solo ekotalisama moko te akoki kokatela mosusu lokola "mopengwi." Na kobakisa, bosengeli te kosala lisumu na kozipa to kotelemela Molimo Mosantu na bibebo na bino.

LIFELO

Soki botiki mosala epesama na Nzambe

Tosengeli sokomoko te kotika mosala epesama na Nzambe na lolenge tolingi. Yesu abetisa sete mpona mosala o nzela na lisese na ba talanta (Matai 25).

Ezalaki moto oyo azalaka kokende mobembo. Ayebisaka basali na ye mpe apesaka bango biloko na ykolandana na makoki na moko na moko. Apesaki talanta mitano na oyo na liboso, mibale na oyo na mibale, mpe moko na oyo na misato. Ya liboso mpe oyo ya mibale bapesaki ba talanta na bango na mosala mpe moko na moko azwaki mbala mibale koleka. Kasi mosali oyo azwaki talanta moko akendeke kotimola libulu na mabele mpe akundaki yango. Sima na tango molayi mokonzi azongaki mpe atalaki makambo na ba compte na moko na moko na bango. Moto azwaka talanta mitano na oyo na mibale batalisaki mbala mibale koleka na bango. Mokonzi akumisaki moko na moko na kolobaka été : mosala malamu na bino basali na sembo. Bongo moto oyo azwaki talanta moko apamelamaki mpo été asalaka eloko moko te na yango, kasi abombaki kaka.

"Talanta" etalisi mosala nioso epesami na Nzambe. Bomoni ete Nzambe abwakisaka ye oyo akangami kaka na mosala na ye moko. Kasi, bato mingi zinga zinga na biso bakotikaka misala na bango miye mipesamela bango na Nzambe. Bosengeli kososola ete ba oyo batika misala na bango lolenge balingeli bakosambisama solo na mokolo na esambiseli.

Longolani bilongi mibale mpe bokata ngenga na motema na bino

Yesu mpe Atalisaki mpe motuya na bokati ngenga na motema na bino tango Apamelaki balakisi na mobeko mpe ba Falisai lokola bato na bilongi mibale. Balakisi na mobeko na ba Falisai bamonanaki lokola kobika bomoi sembo, kasi mitema na bango mitondisamaki na mabe nde Yesu Apamelaki bango, nakolobaka ete bazalaki lokola lilita mitiama langi na pembe.

"Mawa na bino, bakomeli mpe ba Falisai, bakosi! Pamba te bozali lokola mayita makopakolama mpembe. Yango imonani kitoko libanda nde kati kati etondi na mikwa na bato bakufi mpe na ndenge ioso na bosoto. Bongo bino bomonani libanda epai na bato ete bozali bayengebene nde na kati kati botondi bokosi mpe na yauli." (Matai 23:27-28).

Mpona likambo moko, ezali na tin ate mpona bino kotia maquillage na elongi mpe bilamba kitoko soki mitema na bino mitondisami na zua, koyina, mpe lolendo. Koleka nioso, Nzambe Alingi biso tokata ba ngenga na mitema na biso mpe tolongola mabe.

Koteya Sango Malamu, kolandela bandimi na egelesia, mpe kosalela egelesia mizali nioso malamu. Kasi, likambo na motuya koleka ezali kolinga Nzambe, kotambola kati na mwinda, mpe kokoma mingi mingi lokola Nzambe. Bosengeli ozala bulee lolenge Nzambe Azali bulee mpe bosengeli kozala ya kokoka lolenge Nzambe Azali ya kokoka.

Na bongo soko molende na bino mpona Nzambe ezali na motema na solo mpe kondima ekoka te, ekoki tango nioso kobeba mpe ekosepelisa Nzambe te. Na loboko mosusu, soki moto akati ngenga na motema na ye mpona kokoma bulee mpe na kokoka, motema na ye ekobimisa solo malasi malamu ekosepelisa Nzambe.

Lisusu, ata soki oyekola mpe oyebi Liloba na Nzambe na lolenge nini, likambo na motuya koleka mpona bino ezali kotia bongo na bino na kobika mpe kotosa kaka Liloba. Bosengeli tango nioso kotia na bongo bozali na lifelo na somo, bopetola mitema, mpe tango Nkolo Akozonga, bokozala moko na ba oyo bakoyamba Ye.

1 Bakolinti 12:14 elobi ete, "Biso toyambi molimo na mokili te, kasi molimo uta na Nzambe, ete tososola makambo oyo Nzambe Apesi na biso. Tokolobaka mpe ooyo maloba malakisami na mayele na bato te kasi na maloba malakisami na Molimo, awa ekopimaka biso makambo na molimo na molimo na maloba na molimo. Moto na mosuni akoki koyamba makambo na Molimo na Nzambe te, mpo ete mazali na ye bolema; akoki koyeba yango te pamba te molimo akososola yango."

Soki mosala na lisungi na Molimo Mosantu emoniseli bison a Nzambe te, lolenge nini moto na mokili oyo na mosuni akolobela makambo na molimo mpe asosola mango?

Nzambe Ye mei Atalisi emoniseli oyo na lifelo mpe boye, eteni nioso kati na yango ezali solo. Bitumbu kati na lifelo mizali mpenza somo mbe bisika na kotalisa makambo nioso, nakomi kaka moke na minyoko. Lisusu, bokanga yango ete kati na bato mingi ba oyo bakweya na Nkunda na Nse ezali ba oyo bazalaka sembo mpe molende kati na Nzambe.

Soki bozali na makoki masengeli te, mingi, soki botiki kobondela mpe kokata ngenga na mitema na bino, bokomekama na Satana mpona kotelemela Nzambe mpe na suka bokobbwakama na lifelo.

Nabondeli na nkombo na Nkolo ete bokososola boni somo mpe mawa bisika na lifelo ezali, babunda na kobikisa mingi na milimo bokokoka, bobondela na kolemba te, boteya Sango Malamu na molende, mpe tango nioso bomitala mpona kozwa lobiko na kokoka.

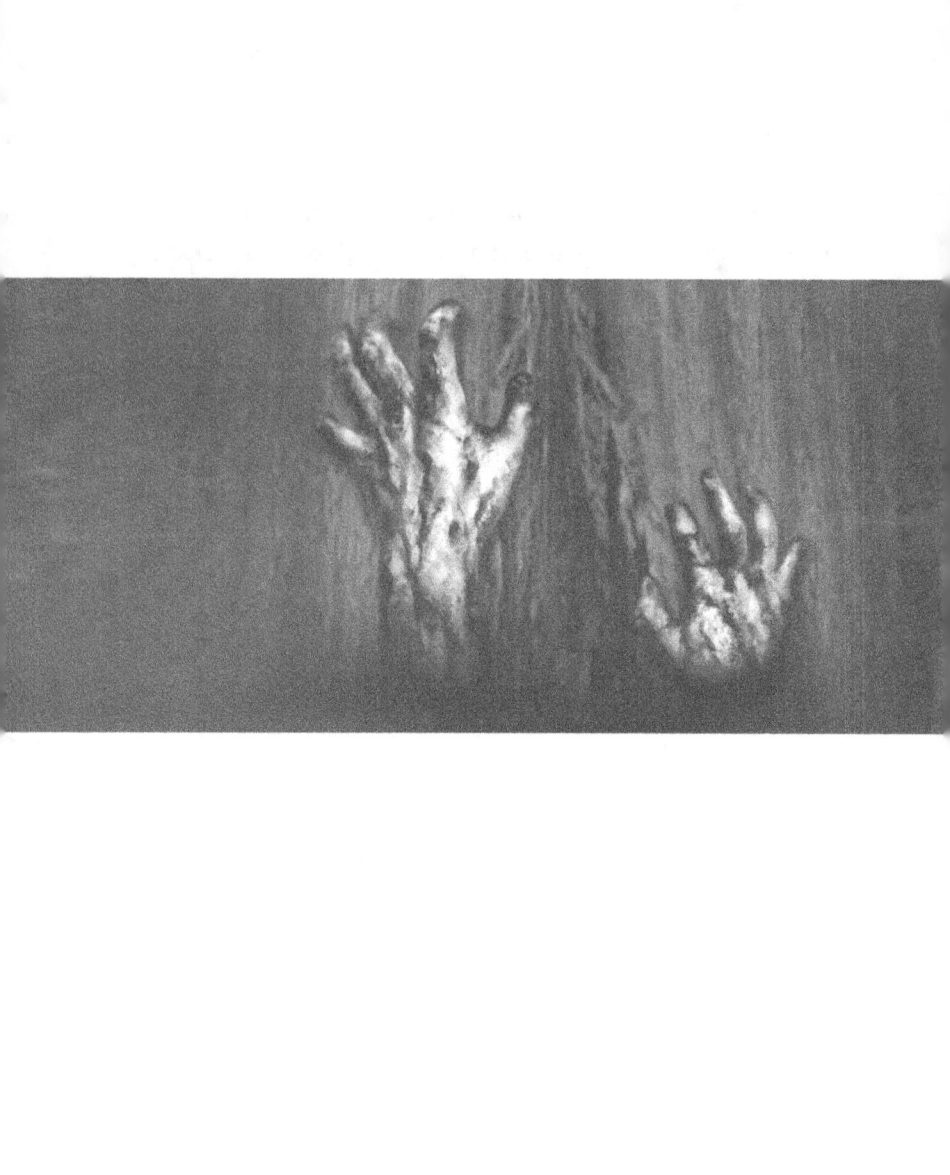

Chapitre 7

Lobiko na tango na Monyoko Monene

1. Bozongi na Christu mpe konetwama
2. Mbula sambo na minyoko
3. Kobomama na tango na Pasi Monene
4. Bozongi ya mibale na Christu mpe bokonzi na mbula nkoto moko
5. Kobongama mpona kozala muasi na libala kitoko na Nkolo

"Mpe nsango malamu oyo na Bokonzi ekosakolama na mokili mobimba mpo na kotatoli na mabota nioso, mpe bongo nsuka ekoya."
(Matai 24:14)

"Mwanje mosusu na misato abilaki bango, koloba na mongongo makasi ete, Soko moto moko akosambela Nyama na ekeko na ye, mpe akokamata elembo na elongi na ye soko na loboko na ye, ye mpe akomela vigno na kongala na Nzambe, oyo etiami bobbele yango, na mai te, kati na nkopo na nkele na Ye, mpe akoyokisama pasi na moto na sufulu na miso na banje basanto mpe na miso Mwana na Mpate. Molinga na mpasi na bango mokobuta libela na libela, mpe butu na moi basambeli na Nyama mpe na ekeko na ye bakozala na epemeli te, bobele bongo mpona oyo akokamata elembo na nkombo na ye." (Emoniseli 14:9-11).

Tango tokotala malamu mpenza na lolenge mokili na lelo ekotiola to masakoli kati na Biblia, tokososola ete tango epusani mpe penepene na bozongo na Nkolo. Na bba mbula oyo, koningana na mabele ekomi mingi mpe ba mbonge na bibale maye mamesana kosalema mbala moko na mbula mokama.

Lisusu, ba moto minene na ba zamba, mipepe makasi, mpe ba typhon mikotikaka kaka na sima kobebisama na mokili. Na Africa Asia, bato mingi banyokwamaka mpe bakufa na nzala mpona bokauki molayi na mabele. Bato mingi na mokili bamona mpe balekela ba tango mabe maye makosalema mpona bokiti na couche d'ozone. "El Ninio," "La Nina," mpe mingi koleka.

Lisusu, ekomonana lokola suka ezali ten a bitumba mpe kowelana kati na bikolo, makambo na koboma, mpe mobulu na lolenge na lolenge. Makambo na somo kolekala makoki na bomoto na bato mpe milakisami na nzela na bitando.

Makambo oyo masi masakolama na Yesu Christu ba nkoto mibale na mbula eleka, tango Ayanolaka motuna na bayekoli na Ye ete, "Yebisa biso nioso oyo ekoya, tango nini mpe elembo nini mpe elembo na komonana nay o mpe suka na ekeke ekozala nini? (Matai 24:3)

Ndakisa boni solo makomi oyo mazali na mikolo na lelo?

"Pamba te libota moko ekotelemela libota mosusu, mpe bokonzi moko ekotelemela bokonzi mosusu; nzala mpe koningana na mokili ekozala na esika na esika. Makambo oyo nioso ezali kaka ebandeli na bolozi." (Matai 24:7-8).

Bongo soki bozali na kondima na solo, bosengeli koyeba ete mikolo na bozongi na Yesu mikomi penza penepene mpe bokoba na kosenjela lokola basi mitano miseka (Matai 25:1-13). Bosengeli soko moko te kobwakisama lokola baseka mitano misusu ba oyo babongisaka mafuta na kokoka te mpona ba minda na bango.

1. Bozongi na Christu mpe Konetwama

Mbula nkoto mibale eleki, Nkolo na biso Yesu Akufaki na ekulusu, asekwa na bawa na mokolo na misato, mpe anetolama na Lola liboso na bato ebele. Misala 1:11 elobeli biso ete "Yesu oyo moko, oyo Alongwi na bino kokamatama na Likolo, Akoya bobele bongo na motindo emoni bino ye kokota na likolo."

Yesu Akozonga na mapata

Yesu Christu Afongola nzela na lobiko, akenda na Lola, afanda na loboko na mobali na Nzambe, mpe Azali kobongisela biso bisika. Na tango na kopona na Nzambe mpe tango bisika na biso na Lola ebongisami, Yesu Akozonga mpona kokamata biso lolenge Yesu Asakolaka na Yoane 14:3, ete, "Mpe soko nakokenda kobongisela bino esika, nakoya lisusu mpe nakoyamba bino epai na ngai ete esika ezali ngai, bino bozala mpe wana lokola."

Bongo bozongi na Yesu ekomonana na lolenge nini?

1 Batesaloniki 4:16-17 etalisi likambo wapi Yesu akokita nan se wuta Lola na ebele mpenza na mapinga na Lola na banjelu, elongo na bawa kati na Christu.

Mpo ete Nkolo Ye moko Akokita longwa na likolo na konganga makasi mpe na mongongo na mokolo na banje mpe na kobeta na mondule na Nzambe, mpe bakufi kati na Klisto bakosekwa liboso. Na nsima biso baton a bomoi ba oyo totikali, tokonetwa kati na mapata mpona kozuana na Nkolo nkati na mopepe esika moko na bango. Mpe tokozala bongo libela esika moko na Nkolo."

Boni kokamwa ekozala mpona Yesu Christu kozonzonga mpe kokengelama na ebele na mapinga na Lola mpe banje na mapata! Na tango wana, bato nioso oyo babikisama na kondima bakonetwama na mopepe mpe bakokota na Feti na Libala na Mbula Sambo.

Ba oyo basi bakufa kasi na lobiko kati na Christu bakosekwa liboso mpe bakokamatama na mopepe, na kolandama na ba oyo bazali naino na bomoi na tango na kozonga na Yesu, ba oyo banzoto na bango mikombongwana na banzoto ebebaka te.

LIFELO

Konetwama mpe mbula Sambo na Feti na Libala

"Konetwama" ezali likambo na oyo bandimi bakokamatama na mopepe. Bisika wapi, mopepe ezali, oyo etalisama na 1 Batesaloniki 4?

"Wana etambolaki bino kati na yango kobila nzela na mokili oyo, kobila mokolo na nguya na mopepe, Na molimo yango ezali kosala mosala kati na bana na nkanza,"

Mopepe awa etalisi bisika wapi milimo mabe mizali na nguya.

Kasi bisika oyo mpona milimo mabe ezali bisika na Feti na libala na mbula sambo te. Nzambe Tata na biso Abongisa bisika malamu mpona Feti. Tina Biblia ebengi bisika yango mopepe ezali mpo ete ezali nkombo moko na bisika na milimo mabe mpo ete bisika oyo mibele mizali na espace moko. Tango bokotala na likolo, bokoki komona yango pasi na kososola bisika nini "mopepe" ezali- Bisika wapi tokokutana na Yesu mpe bisika nini feti na libala na mbula sambo ekosalema mpenza. Kasi yango ezali. Biyano na mituna eye mimonani kati na "malakisi na Genese" mpe biteni mibale na malakisi Ciel.

Na bolimbisi botala malakisi miye mibale mpo ete mizali malamu mpona kososola malamu mokili na molimo mpe kondimela Biblia lolenge ezali.

Bokoki kokanisa boni esengo bandimi nioso na Yesu, ba oyo bazalaka komilengele lokola basi kitoko na libala na Ye, bakozala tango suka suka bakokutana na mobali na bango na libala mpe bakokota na feti na libala oyo ekosalema mbula sambo?

"Tosepela tozala na esengo; tokokumisa ye mpo ete libala na Mwana na Mpate esili koya. Mwasi na Ye asili komibongisa nzoto. Nzela epesami na ye ete alata bilamba petepete, langilangi, nampeto. Mpo ete bilamba yango petepete bizali boyengebene na bapetolami. Alobaki na ngai ete, koma ete, Esengo na bango basili kobiangama na elambo na libala na Mwana na Mpate,'" Alobi na ngai ete, "Maloba oyo mazali maloba na Nzambe na solo."

Na loboko moko, ba oyo bandimeli ba oyo banetolama na mopepe bakozwa lifuti mpona kolonga mokili. Na loboko mosusu, ba oyo banetolami te bakonyokwama pasi monene makasi na maboko na milimo mabe ba oyo bakobwakama na mokili oyo tango Yesu Akozonga.

2. Mbula Sambo na Pasi Monene Mpenza

Tango bandimi oyo babikisama bakosepela feti na libala na mbula sambo na mopepe elongo na Yesu Christu, bakokabola bolingo elongo na Ye, mpe bakobongisa lobi na bango na esengo, ba oyo nioso batikalaka na mokili bakokutana na minyoko na lolenge oyo etikala kosalema te mpona mbula sambo, mpe makama na somo na kobangisa mikobeta bato.

Etumba monene na III na Mokili mpe elembo na nyama

Na tango na etumba na nucleaire na koya na mokili mobimba, Etumba Monene na III, moko na misato na ba nzete nioso na mokili mikozika mpe moko na misato na mokili mikokufa. Kati na etumba moko, ekozala pasi mpona kozwa mopepe na kopema mpe mai epetolama mpona kobebisama makasi, mpe talo na biloko mpe makambo masengeli mikomata mpenza mpenza.

Elembo na nyama, "666," ekotalisama mpe moto nioso akosengela na kozwa yango soko na loboko na ye na mobali to na mbunzu. Soki moto aboyi kozwa elembo, akozala na guaranty moko te, mpe akokoka kosala transanction moko te ata na kosomba biloko misengeli mpona kobika.

"Abimisi mobeko ete, bato mike na bato minene, na bazwi na babola, na bansomi na baumbo, batiama elembo na oboko na bango na mobali soko na elongi, boye moto akoki kosomba to koteka te soko azangi elembo na nkombo na nyama na soko motuya na nkombo na ye. Mayele na yango oyo: moto na kososola atanga nkombo na nyama, mpo ete ezali motuya na moto. Motuya na ye, nkama motoba na ntuku motoba na motoba."(Emoniseli 13:16-18).

Kati na ba oyo batikali sima na koya na Nkolo na Konetwa ezali bato ba oyo bayokaka Sango Malamu to bazalaka koya na ndako na Nzambe, mpe sik'awa babanzi Liloba na Nzambe. Ezali na basusu balongwe kondima na bango na nko, mpe ba oyo bakanisaka ete bandimelaka Nzambe kasi batikali sima. Soki ba oyo bandimelaka Biblia na motema na bango mibimba, basengelaki kobika bomoi malamu kati na Christu. Kasi, bazalaki tango nioso na moto soko mpio te, mpe bazalaki tango nioso komilobela ete, "Nakoyeba soki Lola to lifelo mizalaka tango nakokufa," nde bongo bazalaka na kondima moko te mpona lobiko.

Bitumbu mpona bato oyo bakozwa elembo na nyama

Bato na lolenge oyo bakososola ete maloba nioso kati na Biblia mazali solo kaka sima na komona Konetwama. Bakomilela mpe bakotangisa mpinzoli na koyoka mabe. Na kokangama na bobangi makasi, bakotubela mpona kozanga kobika kolandana na mokano na Nzambe mpe bakoluka mpenza nzela na lobika. Lisusu, mpo ete bayebi ete kozwa elembo na Nyama ekomema bango kaka kati na lifelo, bakosala nioso ekoki mpona kokima yango. Ata na lolenge oyo, bakomeka kolakisa kondima na bango.

Mwanje mosusu abilaki bango na mongongo makasi ete, Soko moto moko akosambela nyama, na ekeko na ye, mpe akokamata elembo na elongi na ye soko na loboko na ye, ye mpe akomela vigno na kongala na Nzambe, oyo etiami bobele yango, na mai te, kati na nkopo na nkele na Ye, mpe akoyokisama mpasi na moto na sufulu na miso na banje basanto mpe na miso na Mwana na Mpate. Molinga na mpasi na bango ekomata libela na libela, mpe butu mpe moi basambeli na nyama mpe na ekkeko na ye bakozala na epemeli te. Bobele bongo mpona oyo

Lifelo

akokamata ellembo na nkombo na ye. Oyo awa ntina na mpiko na bapetolami, baoyo bakotosaka malako na Nzambe mpe kondima na Yesu. (Emoniseli 14:9-12).

Kasi ezali pete te koboya elembo na nyama mingi na mokili wapi milimo mabe bakamati bokonzi na nyoso. Na tango moko, milimo mabe mpe bayebi ete bato oyo bakozwa lobiko soki baboyi elembo na 666 mpe soko bakokufa lokola babomami. Nde, bongo milimo mabe bakotika te to bakotika na pete te.

Na tango na ebandeli na Egelesia na BaKristu mbula nkoto mibale eleki, bakonzi mingi na ba mbula matari banyokolaka BaKristu na kobaka bango o ekulusu, kokata moto, to kotika bango lokola bilei na ba nkosi. Soki moto anyokolamaki mpe abomamaki na lolenge oyo, bato mingi bakozwa kufa na noki noki na tango na monyoko makasi na mbula sambo. Kasi, milimo mabe na tango na monyoko makasi na mbula sambo bakokomisa makambo pete soko moke te mpona ba oyo batikali sima. Milimo mabe mikotindika bato na kowangana Yesu na lolenge nioso bakoki na kobimisa makoki na bango nioso likolo na bato. Yango elakisi te ete bato bakoki komiboma mpona kokima monyoko, mpo ete komiboma ememaka kaka na lifelo.

Ba oyo bakokoma babomami

Nasi nalobela moko na makambo na somo mpona konyokola oyo milimo mabe bazali kosalela. Na tango na Monyoko Monene, ba lolenge na konyokola elekeli makanisi na bato makosalelama polele. Lisusu, mpo ete moinyoko mikozala lokola na lolenge na kokima yango te, kaka moke na baton de bakozwa lobiko na tango oyo.

Na bye, tika biso nioso tolamuka na molimo na tango nioso mpe tozwa kondima oyo esengeli oyo ekonetwa bison a mopepe na tango na bozongi na Yesu.

Na tango nazalaki kobondela, Nzambe Alakisaka ngai emoniseli bisika wapi bato oyo batikalaka na sima sima na Konetwa bazalaka kozwa minyoko na mitindo nioso. Namona ete bato mingi bakokaka kondima yango te mpe na suka bakweyaka na maboko na milimo mabe.

Minyoko mibandi na kolongola poso nanzoto na bato, na kobuka mpe kobebisa misisa na bango, na kokata misapi na maboko mpe na makolo mpe kosopa mafuta na moto likolo na bango. Bato misusu ba oyo bakoki kolekela minyoko na bango bakoka te komona minyoko na baboti na bango bakolo to bana na bango mike, nde bango mpe bakokweya na kozwa elembo na 666.

Ata bongo ezali na ndamboo na bato bayengebene ba oyo bakolonga minyoko nioso. Bato wana bakozwa lobiko mpe bakokota Paradiso oyo ezali na Lola, bazali kaka na matondi mpe na esengo ete bakweyi kati na lifelo te.

Tala tina tozali na bosenga na koteya sango oyo na lifelo na mokili mobimba. Ata soki ekomonana lokola bato bakolanda yango sik'oyo te, soki babanzi yango na tango na Monyoko Monene, ekosembola nzela na lobiko na bango.

Bato mosusu balobaka ete bakokufa na kufa na babomami mpona kozwa lobiko soki Konetwama ekozala solo mpe bakotikala sima.

Kasi, soki bakokaki kozala na kondima na tango oyo na kimya te, lolenge kani bakokoka kobatela kondima na bango na kati na monyoko makasi boye? Tokoki ata koloba te nini ekokomela biso sima na minite zomi. Soki bakufi ata liboso na bango kozwa libaku malamu mpona kufa na babomami, bobele lifelo nde ekozela bango.

3. Kobomama na tango na Monyoko Monene

Mpona kosunga bino kososola pasi na Monyoko Monene na pete mpe kopesa bino makoki na kotelema ekenge na molimo mpo ete bokima yango, tika ngai na limbolela bino na kolela, na ndakisa na molimo moko.

Wuta mwasi oyo azwaka ngolu monene na Nzambe, akokakak komona mpe koyoka makambo minene, na kembo, mpe mabombami likolo na Nzambe. Kasi, motema na ye etondisamaki na mabe, mpe azalaka na kondima moke.

Na likabo oyo na Nzambe, azwaka misala misala na motuya, azalaka na ebonga na motuya mpona kopanza bokonzi na Nzambe, mpe mingi mingi asepelisaka Nzambe na misala ma ye. Ezali pasi te mpona bato koloba ete "baye oyo na misala na motuya kati na egelesia basengeli kozala mibali to basi na kondima monene!"

Kasi, yango ezalaka tango nioso solo te. Na miso na Nzambe, ezalaka na bandimi mingi ba oyo kondima na bango ezalaka eloko mosusu te kasi "monene." Nzambe apimaka kondima na mosuni te, kasi kondima na molimo.

Nzambe Alingi kondima na molimo

Tika na mokuse totala kondima na molimo na likambo na bosikolami na bana na Yisalele na Ejipito. Bana na Yisalele bamonaka mpe balekelaka bolozi zomi na Yawe. Bamona mai monana kokabolama na biteni mibale mpe Falo na mapinga ma ye kozinda kati na yango. Ba mona kotambwisama na Nzambe o nzela na likonzi na lipatp na moi mpe na butu na likonzi na moto. Mokolo nioso baliaki mana na Lola, bayoka mongongo na Nzambe Afandi kati na mapata, mpe bamonaka Misala ma Ye na nzela na moto. Bamela mai na libanga tango mose abetaka yango lingenda, mpe bamona mai bololo na mala kobongwana na mai kitoko. Ata soki bamona mbala na mbala misala na bilembo na Nzambe na bomoi, kondima na bango ezalaka soko kosepelisa Nzambe soko kondimama na Ye. Bongo, na suka bakokaka kokota Mabele na Elaka na Canana te (Mituya 20:12).

Na loboko moko kondima na moto oyo ezangi misala, ata mbala boni moto ayebi Liloba na Nzambe mpe amona mpe alekela misala ma Ye mpe bikamwa, ezali kondima na solo te. Na loboko mosusu, soki toye na kozwa kondima na molimo tokotika te koyekola Liloba na Nzambe; tokokoma batosi na Liloba, kokata ngenga na mitema na biso, mpe kokima mabe na lolenge nioso. Tozala na kondima monene to moke ekokatelama na lolenge wapi tozali kotosa Lilona na Nzambe, kobika mpe kosalela yango, mpe kokokana na motema na Nzambe.

Kozongela na kozanga botosi kati na lolendo

LIFELO

Na lolenge oyo, muasi oyo azalaka na kondima moke. Amekaka kokata ngenga na motema na ye na tango moko kasi akokaka kotika mabe nioso te. Na kobakisa mpo ete azalaka na esika na koteya Liloba na Nzambe, akomaka lolendo na koleka. Muasi akanisaka ete azalaka na kondima na solo mpe monene. Akendaka na kokanisa ete mokano na Nzambe ekokokisama te soki lisungi na ye epesami te to bozali na ye. Lisusu, bisika na kopesa nkembo epai na Nzambe mpona makabo Nzambe Apesa ye, alingaka komikumisa ye moko. Lisusu, asalelaka biloko na Nzambe mpona ye moko mpona kosepelisa mposa na lolenge na ye na masumu.

Akobaki ye moko mbala na mbala na koboya kotoAta soki ayebaki ete ezalaki mokano na Nzambe mpona ye kokende na bisika moi ebimaka, akendaki na bisika moi elalaka. Lolenge Nzambe Atikakaa Saulo mokonzi na liboso na Yisalele mpona bozangi botosi na ye (1 Samuele 15:22-23), ata soki bato basalelamaki makasi lokola esalelo monene mpona kokokisa to koyeisa monene bokonzi na Nzambe, kozongela na kobandela na kozanga kotosa mikomema kaka Nzambe na kobalolela bango Elongi na Ye.

Mpo ete muasi oyo ayebaka Liloba, asosolaka masumu ma ye mpe atubelaka tango na tango. Kasi mabondeli na tubela na ye mazalaka kaka na bibebu, kasi na motema na ye te.

2 Petelo 2:22 elobeli biso ete, Ekomeli bango kolandana na lisese na solo lilobi ete, 'Imbwa azongeli kolia biloko oyo azanzaki,' mpe ete, 'Ngulu asukoli mai mpe akei kolala na bosoto.'"

Na sima na ye kotubela masumu na ye, azongelaki kosalama masumu moko mbala na mbala.

Na suka, mpo ete akangemaki kati na lolendo na ye moko, moyimi, mpe masumu ebele, Nzambe Abalolelaki ye mokongo mpe suka suka akomaki esalelo na Satana mpona kotelemela Nzambe.

Tango libaku malamu na suka mpona tubela epesami

Na momesano, ba oyo balobaka mabe, batelemelaka, to bakotukaka Molimo Mosantu bakoki kolimbisama te. Soko moke te bango bakozwaka lisusu libaku malamu mppona kotubela, mpe bakosuka kati na Nkunda na Nse.

Kasi, ezali na likambo na bokeseni mpona muasi oyo. Ata masumu nioso oyo ye asalaki mpe mabe oyo epesaki Nzambe nkanda mbala na mbala. Atikeli ye libaku malamu moko na suka mpona ye kotubela. Yango mpo ete muasi oyo azalaka na kala esalelo na motuya na Nzambe m[ona bokonzi na Ye. Ata soki muasi oyo atikaka mosala na ye mpe elaka na nkembo mpe mafuti na Lola, mpo ete asepelisaka Nzambe mingi, Apesi ye, libaku malamu na suka.

Azali kokoba na kotelemela Nzambe, mpe Molimo Mosantu kati na ye esi ebomama. Kasi, o nzela na ngolu ekesana na Nzambe, muasi azali na libaku malamu na suka mpona kotubela mpe na kozwa lobiko na tango na Monyoko Monene na nzela na kobomama.

Makanisi ma ye mazali naino na nse na kokonzama na Satana

kasi sima na konetwama, akozongela makanisi ma ye. Mpo ete ayebi malamu Liloba na Nzambe, ayebi mpe malamu nzela na koya. Na sima na ye kososola été nzela moko na lobiko ezali se kobomama, akotubela na motema moko, akosangisa Ba Kristu ba oyo batikali sima, bakosanjola, kokumisa, mpe akobondela na bango elongo na lolenge azali komilengela mpona kobomama na ye.

Kufa na babomami mpe lobiko na soni

Tango ngonga ekoya, akoboya kozwa elembo na 666 mpe alkomemama bisika mosusu mpona konyokolama na ba oyo nanse na kokonzama na Satana. Bakobanda kolongola poso na nzoto na ye eteni na eteni. Bakokawusa ata bisika mpe nzoto na ye na muasi na moto. Bakokabola ba lolenge mpona minyoko na ye mizala na pasi koleka mpe na suka na molayi koleka. Kala te ndako ekotondisama na solo na nzoto ezali kozika. Nzoto na ye etondisami na makila kobanda moto kino na manzaka na makolo, moto na ye ezali kotala na nse, mpe elongi na ye ekomi langi na moindo mpe bleu, lokola ebembe.

Soki akokoka kolekela pasi oyo kino suka, na kotalaka masumu na mabe na ye mingi na kala te, akozwa ata lobiko na soni mpe akokota na Paradiso, na Paradiso, bisika nan se koleka na Lola mpe bisika na likolo koleka pembeni na Ngwende na Nzzambe, muasi oyo akomilela mpe akotangisa mpinzoli mpona misala ma ye na bomoi oyo. Ya solo, akozala na esengo mpe na kopesa matondi mpona kobikisama. Kasi, na ba mbula ekoya akomilela mpe akolikya mpona Yelusalema na sika, nakolobaka ete, "Kaka soki natikaka mabe mpe nasala mosala na Nzambe na motema mobimba, nalingaka kozala na bisika na nkembo koleka kati na Yelusalema na sika…" Tango akomona bato oyo ayebaka na bomoi oyo kobika kati na Yelusalema na Sika, akoyoka tango nioso soni mpe malamu te.

Soki Azwi elembo na 666

Soki alekeli monyoko te mpe azwi elembo na nyama, liboso na bokonzi na nkoto moko, akobwakama kati na Nkunda na Nse mpe etumbu na ye ekozala na kobakama na ekulusu na sima na loboko na mobali na Yudasi Iscariot. Etumbu na ye kati na Nkunda na Nse ekozala kozongelama na bitumbu azwaka na tango na Monyoko Monene. Mpona ba mbuka nkoto moko, poso na nzoto na ye ekolongolama mpe kokawusama na moto mbala na mbala.

Batindami na lifelo mpe ba oyo balandaka ye bakonyokola muasi oyo. Bazali mpe konyokwama mponaa misala na bango mabe mpe bakongalisa pasi mpe nkanda na bango likolo na ye.

Bakonyokwama na lolenge oyo kati na Nkunda na Nse kino suka na Bokonzi na nkoto moko. Sima na esambiseli, milimo oyo mikokende na lifelo na kozika kati na moto na sufulu, bisika wapi minyoko na pasi koleka mizali kozela bango.

LIFELO

4. Bozongi na mibale na Yesu mpe bokonzi na nkoto moko

Na lolenge elobami likolo, Yesu Christu akozonga na mopepe mpe ba oyo bakonetwama bakosepela mbula sambo na feti na libala elongo na Ye, na tango Monyoko Monene ekokoba na milimo mabe ba oyo babenganami na mopepe.

Bongo, Yesu Christu Akozonga na mokili mpe bokonzi na mbula nkoto moko ekobanda. Milimo mabe mikangemi na libulu mozindo na tango oyo. Ba oyo bazalaki na feti na mbula sambo na libala mpe ba oyo bakufa lokola babomami na tango na monyoko monene bakokonza mokili mpe bakokabola bolingo elongo na Yesu Christu mpona ba mbula nkoto moko.

Ba oyo babimi na lisekwa na liboso bazali na esengo, mpe bazali basantu. Kufa na mibale ezali na nguya likolo na bango te, kasi bakozala banganga na Nzambe mpe na Kristu; Bakozala bakonzi esika moko na Ye mbula nkoto(Emoniseli 20:6).

Moke na baton a mosuni ba oyo babiki na Monyoko Monene bakobika mpe na mokili na tango na Bokonzi na mbula nko. Kasi, ba oyo bakufaka na kozanga lobiko bakokoba na konyokwama kati na Nkunda na Nse.

Bokonzi na mbula nkoto moko

Tango bokonzi na nkoto moko ekoya, bato bakosepela bomoi na kimya lokola na mikolo na Elanga na Edeni, mpo ete milimo mabe bazali te. Yesu Christu mpe babikisami, baton a molimo bakobika na mboka oyo ezali lokola chateaux na bakonzi oyo ekabwana na baton a mosuni. Baton a molimo bakobika kati na engomba mpe baton a mosuni ba oyo babikisami Monyoko Monene bakozala o libanda na mboka oyo.

Liboso na bokonzi na nkoto mko, Yesu Christu Akosokola mokili. Akopetola mopepe mobebisama, mpe akozongisa sika banzete, matiti, ba ngomba, mpe mikele. Akokela bisika malamu.

Baton a mosuni bakozala na koluka kobota mingi na lolenge bakoki mpo ete ezali kaka na moke kati na bango nde batikali. Mopepe malamu mpe kozanga na milimo mabe ekotika bisika moko te mpona bokono na mabe. Bozangi bosembo mpe mabe kati na motema na baton a mosuni mikomonana te na tango oyo mpo ete kati na Libulu mozindo mokangami milimo mabe babandisi na mabe.

Lokola mikolo liboso na Noa, bato bakobika ba mbula mikama. Mabele na kala te ekotondisama na bato mingi mpona bula nkoto. Bato bakolia mosuni te kasi kaka ba mbuma mpo été ezali na kobebisama na bomoi te.

Lisusu, ekozwa tango molayi mpona bango kokoma na bisika na scientifique na lelo

Bato na molimo na baton a mosuni babiki bisika moko

Ezali na tin ate mpona baton a molimo ba oyo bazali kobika na Yesu Christu na mokili kolia lolenge bato na mosuni bakoliaka, mpo ete ba nzoto na bango masi mambongwani na ba nzoto na lisekwa, na molimo. Bamesana kolia solo na bafololo to lokola, kasi soki baling, bakoki kolia bilei moko na baton a mosuni. Kasi, baton a molimo basepelaka na bilei na mosuni te mpe ata soki balei yango, babimisaka yango lolenge na bato na mosuni te. Lolenge Yesu oyo Asekwaka Abimisaka mpema sima na ye kolia eteni na mbisi, bilei baton a molimo baliaka epanzanaka kati na nzoto mpe ebimaka lokola mopepe na nzela na kopema.

Bato na molimo bazali mpe koteya mpe bazali kotatola Yesu Christu eapi na bato na mosuni, mpo ete na suka na bokonzi na mbula nkoto tango milimo mabe bakofungolama mpona tango moke, na Libulu mozindo mpo ete bato na mosuni bakweisama te. Tango ezali liboso na esambiseli, nde Nzambe Akangi milimo mabe mpona seko te kati na Libulu Mozindo, kasi kaka mpona mbula nkoto (Emoniseli 20:3).

Na suka na Bokonzi na nkoto moko

Tango bokonzi na nkoto moko ekosila, milimo mabe ba oyo bakangemi kati na Libulu Mozindo mpona nkoto moko na mbula bakobimisama mpona tango moke. Bakobanda komeka mpe kokosa baton a mosuni ba oyo bazalaka kobika kati na kimya. Bato mingi na mosuni bakokweya na momekano ata mbala boni baton a molimo bakebisaka bango. Ata soki baton a molimo bakebisaka bango na mozindo likolo na oyo ekoya, baton a mosuni bakokweisama mpe bakobongisa botomboki mpe kobundisa baton a molimo.

Wana ekosila mbula yango nkoto, Satana akobimisama na boloko na ye, mpe akokende kozimbisa mabota mazali na nsuka na minei na mokili, bango Koko na Makoko, koyanganisa bango mpona etumba yango; motoya na bango lokola zelo na ebale. Balekaki kati na monene na mokili, mpe mpe bazingaki malako na bapetolami na mboka elingami. Moto ebimi na likolo mpe esilisi bango (Emoniseli 20:7-9).

Kasi, Nzambe Akobebisa na moto baton a mosuni ba oyo babandaki etumba, mpe Akobwaka milimo mabe ba oyo babimisamaki mpona tango moke kati na Libulu Mozindo na sima na esambiseli na Ngwende Monene na pembe.

Na suka, baton a mosuni ba oyo bakomaka ebele mingi na tango na Bokonzi na mbula nkoto bakosambisama mpe lokola kolandana na bosembo na Nzambe. Na loboko moko, bato nioso oyo bazwaka lobiko te- kati na bango ezali na ba oyo babikaka Monyoko Monene- bakokangema na lifelo. Na loboko mosusu, ba oyo bazwi lobiko bakokota na Lola kolandana na kondima na bango, bakobika na bisika bikeseni kati na lola, i.e. Yelusalema na sika, Paradiso, mpe bongo na bongo.

Sima na esambiseli na Ngwende Monene na Pembe, mokili na molimo ekokabolama na Lola mpe lifelo. Na oyo nakolimbola na chapitre elandi.

LIFELO

5. Na Kobongama mpona Kozala Muasi Kitoko na Libala na Nkolo

Mpona kokima botikali sima na tango na Monyoko Monene, bosengeli komibongisa lokola basi kitoko na libala na Yesu Christu mpe koyamba Ye na tango na bozongi na Ye.

Matai 25:1-13 ezali na lisese na basi miseka zomi, oyo ezali toil monene mpona bandimi nioso. Ata soki bokoki kotatla kondima na bino na Nzambe, bokokoka kopesa losako na mobali na bino na libala Yesu Christu soki bozali na mafuta na kokoka te mpona mwinda na bino. Basi miseka mitano babongisaka mafuta na bango mpo été bakoka kokutana na mobali na bango na libala mpe bakota na feti na libala. Basi miseka mitano misusu bakokaki te kokota na feti mpo été babongisaki mafuta te.

Lolenge nini sik'oyo tokoki komibongisa lokola basi miseka mitano na bwanya, tokoma basin a libala na Nkolo, mpe tokima na kokweya kati na Monyoko Monene kasi tokota kati na Feti na Libala?

Bondela makasi mpe senjela

Ata soki bozali bandimi na sika mpe bozali na bondimi makasi te, na lolenge bozali kosala oyo esengeli m[ona kokata ngenga na motema na bino, Nzambe Akobatela bino malamu ata na kati na mimekano makasi. Ata pasi ezali na lolenge nini, Nzambe akozipa bino kati na bulangeti na bomoi mpe Akolongisa bino momekano ya lolenge nioso na pete.

Kasi, Nzambe Akoka te kobatela ba oyo bazala bandimi mpona tabgo molayi, bamema misala na Nzambe, mpe bayebi mingi na Liloba na Nzambe, soki batiki kobondela, batiki na kosepela na bopetolami, mpe batiki kokata Ngenga na mitema na bango.

Tango bokutani na kokoso, bosengeli kozala na makoki na kososola mongongo na Molimo Mosantu mpona kolonga. Kasi, soki bokobondela te, lolenge kani bokoyoka mongongo na Molimo Mosantu mpe bobika bomoi na elonga? Na lolenge botondisami naino te na Molimo Mosantu, bokomipesa minga na makanisi na bino mpe bokokweya mbala na mbala, na komekama na Satana.

Lisusu, sik'awa tozali kopusana na suka na ekeke, milimo mabe, bazali konpunja punja lokola ba nkosi na kolukaka moto nini bakolia mpo ete bayebi ete suka na bango ebelemi. Tomonaka mingi motangi na goigoi kolamuka mpe kobungisa mpongi na tango na momekano na kelasi. Lolenge moko soki bozali bandimi ba oyo basosola ete tozali kobika na mikolo komema na suka na ekeke, bosengeli kosenjela mpe komibongisa lokola mwasi na libala kitoko na Nkolo.

Kotika mabe mpe kokokana na Nkolo

Bato na lolenge nini bakosengelaka? Bakobondelaka tango nioso, batondisamaka tango nioso na Molimo Mosantu, bandimaka Liloba na Nzambe, mpe bakobikaka kolandana na Liloba na Ye.

Tango bokosenjelaka tango nioso, bokozala tango nioso na

Lisolo na Nzambe, nde bokoka te komekama na milimo mabe. Lisusu, bokokoka na pete kolonga momekano nioso mpo ete Molimo Mosantu Akososolisa bino Liloba na solo.

Kasi, ba oyo basenjelaka te bakoka te koyoka mongongo na MNolimo Mosantu nde bakomekama na Satana na pete, mpe bakokenda na nzela na kufa. Kosenjela ezali kokata ngenga na motema na bino, kosala mpe kobika kolandana na Liloba na Nzambe, mpe kobulisama.

Emoniseli 22:14 elobeli biso ete "Esengo na bango bakosukola bilamba na bango, ete bazwa nguya na kolia na nzete na bomoi mpe na kokota na bikuke na mboka." Na eteni oyo, elamba elakisi eloko endimami. Na molimo, "elamba" elakisi motema na bino mpe bizaleli. Kosukola elamba elakisi kolongola mabe mpe kolanda Liloba na Nzambe mpona kokma na molimo mpe kokokana mingi mpe na Yesu Christu. Ba oyo babulisami na lolenge oyo bazali na makoki na kokota na bikuke na Lola mpe kosepela bomoi na seko.

Bato oyo bazali kosukola bilamba na bango na kondima

Lolenge kani tokoki kosukola bilamba na biso? Bosengeli nay ambo kokata ngenga na motema na Liloba na solo mpe mabondeli makasi. Na maloba mosusu, bosengeli kobwakisa lokuta na lolenge nioso na mabe kati na mitema na bino mpe kotondisa yango na solo. Kaka lolenge bokosukola mbindo na bilamba na bino na mai petwa, bosengeli kosukola masumu nioso, makambo na bosoto, mpe mabe kati na motema na Liloba na Nzambe, main a bomoi, mpe kolata elamba na solo mpe kokokana na motema na Yesu Christu. Nzambe Akopambola moto nioso oyo atalisi kondima kati na misala mpe akati ngenga na motema na ye.

Emoniseli 3:5 elobeli biso ete, "Ye oyo akolonga, ye akolatisama na bilamba na pembe; mpe nakolongola nkombo na ye na buku na bomoi te, nde nakotatola nkombo na ye na miso na Tata na ngai, mpe na miso na banje na Ye." Ba oyo bakolonga mokili kati na kondima mpe batamboli na solo bakosepela bomoi na seko na Lola mpo ete bazali na motema na solo mpe mabe moko te ekozwama kati na bango.

Kasi mabe, bato oyo bazali kobika kati na molili bazali na eloko moko ten a Nzambe ata tango molayi nini bazala BaKristu, mpo ete bakozala na nkombo ete bazali na bomoi, kasi bakufa (Emoniseli 3:1). Na yango botia elikya na bino kaka epai na Nzambe oyo asambisaka biso kolandana na libanda na biso te kasi na mitema mpe misala na biso. Lisusu, bobondelaka tango nioso mpe botosa Liloba na Nzambe mpo ete bokoka na kokoma na lobiko ekoka.

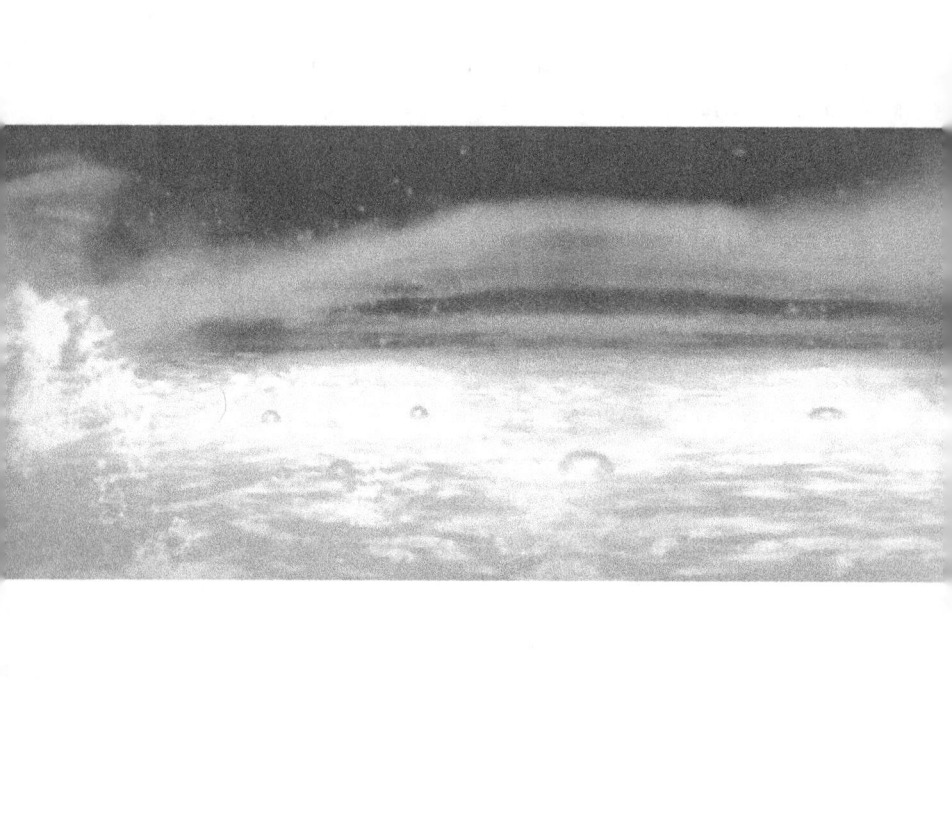

Chapitre 8

Etumbu na Lifelo sima na Esambiseli Monene

1. Milimo mibikisama te mikokweya kati na Lifelo sima na esambiseli
2. Libeke na moto & Libeke na sufulu kozika
3. Basusu bakotikala na Nkunda na Nse ata sima na esambiseli
4. Milimo mabe mikokangema na bisika na mozindo
5. Bisika wapi ba demona bakosuka?

"*[Na Lifelo] esika kiso na bango ekokufaka te, mpe moto ekozimana te, mpo ete moto na moto akotiama na moto lokola mongwa.*"

"*Mpe zabolo mozimbisi na bango, abwakami na libeke na moto na sufulu, kuna ezali Nyama na mosakoli na lokuta,, bakoyokisama pasi butu na moi libela na libela.*" (Emoniseli 20:10)

Na bozongi na Christu bokonzi na Nkoto moko ebandi na mokili oyo mpe sima na yango esambiseli na Ngwende Monene ekolanda. Esambiseli- oyo ekokata Lola to lifelo, mpe lifuti to etumbu- ekokitela moto na moto kolandana na nini ye asalaka na bomoi oyo. Bongo, basusu bakosepela na esengo na seko na Lola mpe basusu kokozwa etumbu na libela kati na lifelo. Tika tozinda na esambiseli na Ngwende Monene na Pembe, esika wapi Lola na lifelo ekokatama, mpe bisika na lolenge nini lifelo ezali.

Milimo mibikisami Te Mikokweya kati na Lifelo sima na Esambiseli

Na sanza sambo na 1982, tango nazalaka kobondela na kobongisa kofungola na lingomba na ngai, Nayaka koyeba na mozindo likolo na esambiseli na Ngwende Monene na Pembe. Nzambe Alakisaka ngai bisika wapi Ye Afandaki na Ngwende na Ye, Nkolo Yesu Christu na Mose batelemi liboso na Ngwende, mpe ba oyo bazalaka kosala mosala na ba juré. Ata soki Nzambe Asambisaka na lolenge esengeli oyo ekoki te kokokisama na ba zuzi na mokili oyo, Akokata makambo elongo na Yesu lokola molobeli na bolingo, Mose lokola molandeli na Mobeko, mpe bato lokola ba temoin (juré).

Etumbu na lifelo ekokatama na esambiseli

Emoniseli 20:11-15 elobeli biso lolenge nini Nzambe Asambisaka mpenza mpenza mpe na bosembo. Esambiseli ekokatelama elongo na Buku na Bomoi bisika wapi ba nkombo na babikisama mikomama mpe ba buku bisika wapi misala na bato nioso mikomama.

"Bongo namonaki Kiti na Bokonzi pembe Monene, na mofandi na yango. Mokili na likolo ikimaki elongi na ye, mpe izuami te. Namoni mpe bakufi, minene na mike, batelemi na liboso na kiti na bokonzi, mpe buku ifungolami, mpe buku mosusu efungolami, oyo buku na bomoi. Bakufi basambisami na makambo masili kokomama na buku yango, na motindo na misala na bango. Mai monene ezongisi bakufi na kati na yango: Kufa na ewelo mizongisi bakufi na kati na yango. Basambisami moto na motindo na misala na ye, moto na motindo na misala na ye. Na nsima kufa na ewelo mibwakami kati na libeke na moto. Libeke na moto oyo ezali kufa na mibale. Soki ezuami ete moto akomami na buku na bomoi te, abwakami na libeke na moto."

"Bakufi" awa elakisi ba oyo nioso bandimelaka Christu lokola Mobikisi na bango to bazali na kondima ekufa.Na tango Nzambe Apona ekokoma, "bakufi" bakosekwa mpe bakotelema liboso na Ngwende na Nzambe mpona kosambisama. Buku na bomoi ekofungolama liboso na Ngwende na Nzambe. Kasi mosika na buku na bomoi bisika wapi ba kombo na babikisami ekomama, ezali na ba buku misusu bisika wapi misala na moko na moko mikomama.   Banje bakokomaka nioso tozali kosala, maloba, makanisi, kolakela basusu mabe, kobeta moto, kozwa nkanda, kosala bolamu, mpe bongo na bongo. Kaka lolenge bokoki ko filmer makambo to masolo bobetaka kala na camera to na cassette, Nzambe na nguya nioso mpe akobatela bilili na makambo nioso moto asalaka na mokili oyo.

Nde, Nzambe Akosambisa na bosembo mokolo na esambiseli kolandana na makambo na ba buku. Ba oyo babikisama te bakosambisama kolandana misala an bango mabe, mpe bakozwa ba etumbu na lolenge na lolenge kolandana na monene na masumu na bango mpona libela na lifelo.

Libeke na moto to na sufulu na moto

Eteni "Mai minene ezongisi bakufi kati na yango" elakisi te ete mai monene ekopesa bato banzinda kati na yango. "Mai monene" na molimo elakisi mokili. Elakisi ete ba oyo bakufa na mokili mpe bazonga mputulu bakosekwa mpona kosambisama liboso na Nzambe.

Bongo elakisi nini, "Kufa na ewelo mikopesa bakufi kati na yango"? Elakisi ete ba oyo banyokwamaki kati na Nkunda na Nse, etalisami lokola Libulu mozindo, bakosekwa mpe lokola mpe bakotelema liboso na Nzambe mpona kosambisama. Sima na kosambisama na Nzambe, mingi na ba oyo banyokwamaka kati na Nkunda na Nse bakobwakama kati na libeke na moto to na sufulu na motokolandana na monene na masumu na bango mpo ete, lolenge etalisamaki likolo, etumbu kati na Nkunda na Nse ekopesama kino tango esambiseli na Ngwende monene na pembe ekosalema.

Nde mpona ba goigoi, na bato na ntembe, na bato babebi na bosoto, na babomi na bato,, na baton a pite,, na baton a soloka, na basambeli na bikeko, na baton a lokuta nioso, likabo na bango ekozala kati na libeke likopelaka na moto na sufulu, oyo ezali kufa na mibale (Emoniseli 21:8).

Etumbu kati na libeke na moto ekoki te kopimama na oyo na Nkunda na Nse. Etalisami na Malako 9:47-49, "Soko liso nay o ekoyokisa yo nsoni longola yango. Kokota na bokonzi na Nzambe na liso moko ezali malamu na kozala na miso mibale mpe kobwakama kati na Geena, esika kusu na bango ekokufa te mpe moto ekozimana te." Mpo ete moto na moto akotiama moto lokola mungwa." Lisusu libeke na sufulu kopela ezali mbala sambo moto koleka libeke na moto.

Kino esambiseli, bato batobolami na ba nyama mike mpe ba nyama minene, banyokolami na batindami na lifelo, to bazali konyokwama na makambo kili kili kati na Nkunda na Nse oyo ezali lokola boloko o nzela na lifelo. Sima na Esambiseli, kaka pasi na libeke na moto mpe sufulu kopela ikotikala.

Pasi na libeke na moto to na sufulu ekopela moto

Tango nalobelaka makambo mata;I bisika oyo mabe na Nkunda na Nse, mingi na bandimi kati na egelesia na ngai bakokaki kokanga mpinzoli na bango te to kolela mpona ba oyo na bisika na pasi oyo. Kasi konyokwama kati na libeke na moto to na sufulu kopela moto mizli pasi koleka monyoko nioso kati na Nkunda na Nse. Bokoki kokanisa monene na monyoko ata na moke? Ata soki tomeki, ezali na bosuki mpona biso, ba oyo tozali naino kati na mosuni, mpona kososola makaambo na molimo.

Lolenge moko ndenge nini tokoka kososola kitoko mpe bonzenga na Lola na kokoka? Liloba "Seko" yango moko ezali eloko oyo tomesana na yango te mpe tomemami kaka na kondima yango. Ata soki tokomeka kokanisa bomoi na Lola na "esengo," "kosepela," "kokangama," "kitoko," mpe bongo na bongo, ekokani ten a bomoi na solo oyo tokobika mokolo moko na Lola. Tango bokokende solo na Lola, bomoni makambo nioso na miso na bino moko, mbanga na bino ekokitisama na mabele mpe bokozanga maloba. Lolenge moko, soki tozwi minyoko na lifelo te, tokoka te kososola na mozindo monene mpe ebele na pasi oyo elekela mabanzo na makambo na mokili oyo.

Ba oyo bakweyi kati na libeke na moto to na sufulu na moto

Ata soki nakomeka, na bolimbisi bokanga ete lifelo ezali esika oyo ekoki kolimbolama malamu ten a maloba na mookili oyo, mpe ata soki nalimboli na kokoka na makoki na ngai, limbola na ngai ekozala nan se na moko na milio na solo na makambo kati na lifelo. Lisusu, tango bazali kokanisa ete tango na minyoko esuka te kasi ekozala mpona seko koleka, milimo mikatelama mikonyokwama lisusu makasi.

Sima na esambiseli na Ngwende Monene na pembe, ba oyo bazwaka etumbu na liboso mpe na mibale na Nkunda na Nse bakobwakama kati na libeke na moto. Ba oyo bazwaki etumbu na misato mpe na minei bakobwakama na libeke na sufulu kopela moto. Milimo kati na Nkunda na Nse bayebi ete esambiseli ezali koya, mpe bayebi bisika nini bakozala sima na esambiseli. Ata soki baliami na ba nyama mike na batindami na lifelo, milimo wana mikokoki komona libeke na moto mpe na sufulu kopela na mosika mpe bayebi malamu ete bakozwa etumbu kuna.

Lifelo

Bongo milimo na Nkunda na Nse mizali konyokwama kaka na pasi na bango te, kasi mpe na minyoko na makanisi na kobanga makambo maye makoya sima na esambiseli.

Elelo na komilela na molimo kati na Nkunda na Nse

Tango nazalaka kobondela mpona emoniseli na lifelo, na nzela na Molimo Mosantu Nzambe Apesaka ngai nzela na koyoka elelo na komilela na molimo kati na Nkunda na Nse. Tango nazali kokoma maloba nioso na komilela bomeka koyoka ata bobangi moke mpe kotikama oyo ekangi molimo oyo.

Lolenge kani oyo ekoki kozala elongi na moto?
Oyo lolenge na ngai te tango na kobika na ngai na mokili.
Lolenge na ngai awa ezali mabe mpe ekotombokisa !
Kati na pasi oyo ezanga suka na kobwakama,
lolenge nini nakoki kosikolama ?
NIni nakoki kosala mpona kokima likambo oyo ?
Nakoka kokufa ? Nini nakoki kosala ?
Nakoki kozwa mwa bopemi ata mpona ngonga moko na kati na etumbu oyo na seko? Ezali bongo na nzela na kokata na mokuse bomoi oyo elakelama mabe na pasi oyo ezanga suka ?

Nazali komibeta mpona komiboma, kasi nakoki kokufa te.
Ezali na suka te... ezali na suka te...
Ezali na suka te na minyoko na molimo na ngai.
Ezali na suka te na bomoi na ngai na kokanga motema...
Lolenge nini nakoki kolimbola yango na maloba?

Na kala te nakobwakama kati na libeke monene na moto na mozindo ezanga suka.

Minyoko awa mikoki na kondimama te!
Libeke wana na nkanda na moto ezali mpenza kobangisa, mpeza mizindo, mpe mpenza moto.
Lolenge nini nakoki kondima yango?
Lolenge nini nakoki kokima yango?
Lolenge nini nakoki mpenza kokima monyoko oyo ?

Kaka soki nakokaki kobika...
Soki kaka ezalaka na nzela mpona ngai kobika...
Soki kaka nakokaki kosikolama...
Nakokaki ata koluka nzela na kobima,
Kasi nakki komona yango te.

Ezali kaka na molili, komilela, mpe pasi awa,
Mpe ezali kaka na komilela mpe pasi pona ngai.
Lolenge nini nazali koleka monyoko oyo ? Kaka soki Akokaki kofungolela ngai ekuke na bomoi...
Soki kaka nakokakak komona nzela na kobima awa. Ezali mpenza kobangisa mpe pasi mpona ngai nandima.
Bobikisa ngai. Bobikisa ngai.
Mikolo ma ngai mizala kaka pasi na kotutisama
Lolenge kani nakoki kokende na libeke wana na moto na somo?
Bobikisa ngai!
Botala ngai!
Bobikisa ngai!

LIFELO

Boyekela ngai mawa.
Bobikisa ngai!
Bobikisa ngai!
Tango bokangemi kati na Nkunda na Nse

Sima na suka na bomoi na mokili oyo, moko te akozwa "libaku malamu mosusu." Kaka komema mokumba na misala na bino nioso mizali kozela bino.

Tango bato bayokaka bozali na Lola to lifelo, basusu balobaka ete, "Nakoyeba yango sima na kufa na ngai." Kasi, soki osi okufi tango eleki. Mpo ete ezali na nzela na kozonga sima te soki osi okufi, bosengeli koyeba yabgo malamu liboso na kufa.

Soki bosi bobwakami na Nkunda na Nse, ata mbala boni bokoyoka mabe, bokotubela, mpe bokobondela Nzambe, bokoki te kokima etumbu na somo. Ezali na elikya te mpona lobi na bino kasi kaka minyoko na komilela na suka te.

Molimo oyo ezali komilela lolenge oyo na likolo eyebi malamu ete ezali na nzela na lobiko te. Kasi molimo ezali kolela epai na Nzambe mpona tango mosusu." Molimo ezali kobondela mpona mawa mpe lobiko. Kolela na molimo oyo ekobongwana na mafuta kotobola, mpe konganga oyo ekokende na monenen na lifelo mpe ekolimwa. Ya solo eyano ezali te. Kasi, tubela na bato na Nkunda na Nse ezalaka na bosolo te mpe ata soki bakomonana lokola bazali mpenza kotubela na mawa. Wuta mabe kati na mitema na bango ezali mpe bayebi été konganga na bango ezali pamba, milimo oyo mikobimisaka mabe na koleka mpe mikolakela Nzambe mabe. Yango mpenza etalisi biso mpona nini bato na lolenge oyo bakokaka kokota Lola te na ebandeli.

Libeke na Moto mpe Libeke na Sufulu Popela Moto

Kati na Nkunda na Nse, milimo mikoki ata kolomba, kopamela, mpe komilela, na komitunaka ete, "Tina nini nazali awa?" Bazali mpe kobanga libeke na moto mpe bakobanza ba lolenge na kokima monyoko, nakokanisaka ete, 'lolenge kani nakoki kokima motindami oyo na lifelo?'

Tango babwakami kati na libeke na moto bakoki kokanisa eloko moko te mpona pasi ezanga suka. Bitumbu kati na Nkunda na Nse mizalaki mpenza moke, na kopimama na oyo kati na libeke na moto. Etumbu kati na libeke na moto mizali pasi oyo ekoki kokanisama te. Ezali mpenza pasi été tokoki kobanza yango na bosuki na biso te.

Tia mungwa na kikalungu na moto soki olingi kokanisa moke mpona monyoko. Okomona mungwa kopasuka, mpe yango ekokani na likambo kati na libeke na moto: milema mizali lokola mungwa kopasuka.

Lisusu bokanisa ete bozali kati na liziba na mai kotoka, ekomi na $100^{O}C$. Libeke na moto ezali moto koleka mai kotoka, mpe libeke na sufulu kopela moto ezali kutu mbala sambo moto koleka libeke na moto. Tango obwakami kati na yango, ezali na nzala na kokima yango te mpe bokonyokwama libela na libela. Etubu na liboso, na mibale , na misato, na minei kati na Nkunda na Nse liboso na esambiseli mizale pete mpona kolekela.

Pona nini sik'awa Nzambe Atika bango banyokwama na Nkunda na Nse mbula nkoto moko liboso na kozindisa bango kati na libeke na moto to libeke na sufulu kopela? Bato oyo

LIFELO

babikisama te bakomitala bango moko. Nzambe Alingi ete basosola tina nini basengelaki na bisika mabe boyé, mpe batubela mpenza motema mobimba masumu na bango na kala. Kasi, ezali mpenza pasi komona bato kotubela, kutu bazali nde kobimisa mabe koleka oyo na liboso. Sik'awa toyebi tina nini Nzambe Asengelaka kosala lifelo.

Tango nazalaka kobondela na mbula 1982, Nzambe Atalisaka ngai likambo na tango na esambiseli na Ngwende Monene na Pembe, mpe na mokuse libeke na moto mpe libeke na sufulu kopela moto. Ba libeke oyo mibale mizalaki minene mingi.

Na mosika, ba libeke oyo, na milimo kati na yango mimonanaki lokola bato kati na maziba na moto. Bamisusu bazindaki kino tolo, tango basusu bazindaka kino kingo, nakotalisaka kaka ba mitu na bango.

Na Malako 9:48-49, Yesu Alobeli lifelo lokola esika "Esika nkusu na bango ekokufa te mpe moto ekozimama te. Mpo ete moto na moto akotiama moto lokola mongwa." Bokoki kokanisa pasi na kati na bisika mabe boyé? Lokola milimo oyo mizali komeka kokima, nioso bakoki kosala ezali kopimbwa lokola mongwa ezali kopasuka mpe kosua mino na bango.

Tango mosusu bato na mokili oyo bakopimbwaka likolo na nse na lolenge bazali kosakana to kobina na ba boite de nuit. Sima tango moke, bakolemba mpe bakopema soki balingi. Kasi na lifelo, milimo mikopimbwaka likolo nan se mpona esengo te kasi mpona pasi oyo eleki motuya, mpe ya solo, ezali na bopemi na bango tea ta soki balingi. Bakonngangaka na pasi na mongongo makasi nde bakokoma lokola mwinda, mpe mboma na miso na bango makokoma lokola langi bleu mpe ekokoma lokola makila. Lisusu, bongo na bango mikopasuka mpe mai makobima libanda na yango.

Ata lolenge nini bakomeka, milimo mikoki te kobima. Bakomeka kotindikana mpe kominyata kasi ezali pamba. Eteni na eteni na libeke na moto, oyo suka na yango ekomonana te na suka mosusu, ezali na moto moko, mpe moto na libeke na ikokitaka tea ta na koleka na tango. Kino esambiseli na Ngwende Monene na Pembe, Nkunda na Nse ekambemi na mibeko na Lucifer, mpe mitumbu nioso mipesama kolandana na nguya mpe mpifo na Lucifer.

Kasi sima na esambiseli, etumbu ekopesama na Nzambe mpe kokambama kolandana na BoNzambe mpe nguya na Ye. Nde, moto na libeke mobimba ekoki kotikala lolenge moko.

Moto oyo ekoki konyokola milimo kasi ekoboma bango te. Kaka lolenge biteni na ba nzoto na milimo kati na Nkunda na Nse mizongaka ata soki bikatemi biteni biteni, ba nzoto na milimo na lifelo mikozongaka noki noki sima na kozika.

Nzoto mobimba na biloko kati na yango mikozika

Lolenge nini milimo kati na Nkunda na Nse mikozwaka etumbu? Bosi bomona elili na ba buku ebengami bande desiné, filme, to desin animé na etando bisika wapi mokoza ekangemi na courant makasi? Na tango akangami na couran, nzoto na ye ekokoma lokola squelette na elilingi moindo kozinga nzoto na ye. Tango abimisami na mbonge na courant, akomonana malamu. To elilingi na rayon x oyo etalisaka kati na nzoto na moto.

Na lolenge moko, milimo kati na libeke na moto mitalisami na ngonga moko na banzoto na bango. Na oyo elandi, banzoto ezali lisusu ten de kaka milimo na bango nde mikomonana. Likambo oyo ekozongela zongela. Kati na moto makasi mpenza, ba nzoto na molimo mizali kozika na ngonga moko mpe mikolimwa, mpe sima mikozonga.

Na mokili oyo, tango bokonyokwama kozika na etape na misato, bokokoka tango mosusu koleka yango te mpe bokoki komonan lokola liboma. Moto moko akoki kososola pasi yango te soki alekela yango te. Bokoki kokanga motema te ata soki liboko na bino ezikaki.

Na momesano, moto na kati na poso elongwaka mbala moto sima na kozika te kasi etikalaka mua mikolo na sima. Molunge na moto ekotaka kati na poso, mpe ekosala ba cellule mabe, tango mosusu ekosimba ata motema. Bongo boni pasi ekozala mpona bino kozala na nzoto mpe biloko na kati na yango kozika, mpe kozongisama lisusu mobimba mpe kozika mbala na mbala? Milimo kati na libeke na moto bakoki kokanga pasi te kasi bakoki mpe kokangama te, kokufa te, to kopema ata mpona mbala moko.

Libeke na sufulu kopela moto

Libeke na moto ezali esika na etumbu mpona ba oyo basalaka masumu moke mpe ba nyokwamaka na etape na etumbu na liboso to na mibale kati na Nkunda na Nse. Ba oyo basalaka masumu minene mpe banyokwamaka na etape na misato to na minei kati na Nkunda na Nse bakokota na libeke na sufulu kopela moto oyo ezali mbala sambo moto koleka libeke na moto. Lolenge na limbolaki likolo, libeke na sufulu kopela moto ebongisama mpona bato eye: Ba oyo balobaka mabe to bakotelemela, koboya, mpe kotuka Molimo Mosantu; ba oyo bazali kobaka na ekulusu Yesu Christu mbala na mbala; ba oyo batika ye, ba oyo bakosumukaka na nko, Ba oybangumamelaka bikoka mingi mpenza, ba oyo bazikis mitema na bango na ebende; Ba oyo nioso batelemela Nzambe na misala mabe; mpe basakoli na lokuta mpe balakisi ba oyo balakisa lokuta.

Libeke mobimba na moto etondisama na moto "motane". Libeke na Sufulu kopela moto etondisami na moto oyo na langi 'jaune' mbe 'motane' etokaka tango nioso na fulufulu monene lokola gourde bisika na bisika. Milimo kati na libeke oyo mizindisama na mobimba kati na sufulu kotoka moto.

Pasi oyo eleki motuya

Lolenge nini bokoki kolimbola pasi kati na libeke na sufulu kopela moto oyo ezali mbala sambo moto koleka libeke na moto bisika wapi pasi ezali mpe na kobanzama te? Biloko nioso kati na nzoto na ye mikozika tango bimeli oyo asengelki komela oyo esangana na mabende na mto ekomi mai, ekokita kati na libumu na ye na nzela na mongongo na ye.

Kati na libeke na moto, molimo ekoki ata kopumbwa to konganga na pasi. Kasi na Libeke na sufulu kopela moto, molimo ekoki kolela te to kokanisa kasi mizali kaka konyokwama na pasi. Monene na monyoko mpe pasi na kolekama kati na libeke na moto kopela moto ekoki kolimbolama ten a lolenge to maloba te. Lisusu, milimo misengeli konyokwama mpona seko. Nde, lolenge nini monyoko na lolenge oyo ekoka kolimbolama na maloba?

3. Sima na Esambiseli basusu bakotikala na Nkunda na Nse

Ba bikisami na tango na Boyokani na Kala bazala kati na Nkunda na Likolo kino lisekwa na Yesu Christu, mpe sima na lisekwa na ye, bakotaka kati na Paradiso mpe bakozela na bisika na kozela kino bozongi na Ye na Mopepe esalema. Na loboko moko, babikisami na tango na Boyokani na Sika bakomibongisa mikolo misato kati na Nkunda na Likolo mpe bakokota na bisika na kozela mpona mikolo misato mpe bakozela kuna kino tango Yesu Christu Akozonga na Mopepe.

Kasi bana oyo babotama te kasi bakufa kati na libumu na ba mama na bango bakendeke mpe te kati na Paradiso sima na lisekwa na Yesu Christu to ata na sima na esambiseli. Bakobika kati na nkunda nan se mpona seko.

Lolenge moko, kati na ba oyo bazali konyokwama kati na Nkunda na Nse ezali na bokeseni. Milimo wana babwakama mpe kati na libeke na moto to na sufulu kopela moto tea ta sima na esambiseli. Bango bazali ba nani?

Bana oyo bakufa liboso na bolenge moke

Kati na ba oyo babikisama te ezali na ba zemi milongolama na sanza mobota to na liolo mpe bana bakomisa ba mbula na bolenge te, mbula zomi na mibale. Milimo mana mikobwakama na libeke na moto te to na libeke na sufulu kopela moto te. Yango ezali mpo ete ata soki bayaka na Nkunda na Nse mpona mabe na bango moko, na tango na kufa na bango bazalaka na makoki na kozala na boponi kati na bonsomi te. Yango elingi kolakisa ete bomoi na bango kati na kondima ezali oyo bango baponaki te, mpo ete bakokaki kokweisama na makambo na libanda lokola baboti na bango, bakoko, to bisika bakobikaka.

Nzambe na bolingo mpe bosembo Atalaka makambo mana mpe Akobwaka bango kati na libeke na moto te to libeke na sufulu kopela moto ata sima na esambiseli. Yango elakisi mpe te ete etumbu na bango ekokita to ekolimwa. Bakozwa etumbu mpon seko lolenge bazalaki kozwa etumbu kati na Nkunda na Nse.

Mpo ete lifuti na lisumu ezali kufa

Kaka mpona bato na lolenge wana, bato nioso kati na Nkunda na Nse bakobwakama kati na libeke na moto to na sufulu kopela moto kolandana na masumu. na bango basalaka tango bazalaka kobika na mokili. Na Baloma 6:23 etangami ete, ""Mpo ete lifuti na masumu ezali kufa, kasi likabo na Nzambe ezali bomoi na seko kati na Yesu Christu Nkolo na biso." Awa, "Kufa" elakisi suka na bomoi na mokili oyo te, kasi elakisi etumbu na seko na libeke na moto soko na libeke na sufulu kopela moto. Monyoko makasi mpe na somo na etumbu na seko ezali lifuti na masumu, nde, boyebi ete masumu ezali somo, salite, mpe mabe.

Soki bato bayebaka ata moke likolo na pasi na seko na lifelo, lolenge kani bakobanga te mpo na kokende na lifelo? Lolenge nini basengelaki te kondimela Yesu Christu, batosa, mpe babika kolandana na Liloba na Nzambe?

Yesu Alobeli biso boye na Malako 9:45-47 ete:

Soki likolo na yo ekokweisa yo, zenga yango;pamba te kozala na lokolo moko mpe kokota na bomoi eleki na yo malamu na kozala na makolo mibale mpe kobwakama na Geena. Kuna nkusu na bango ekokufaka te, mpe moto ekozimama te. Soki liso na yo ekokweisa yo ,longola yango, mpo été kokota na bokonzi na liso moko eleki na yo malamu na kozala na miso mibale mpe kobwakama na Geena.

Ezali malamu mpona bino kokata makolo na bino soki bozali kosala mmasumu na kokendaka bisika bosengelaki tem be kokweya kati na lifelo. Ezali malamu mpona bino kokata maboko na bino soki bokosala masumu na kosalaka makambo maye makokaki te kosalema na kokenda na lifelo. Lolenge moko ezali mpe malamu mpona bino kolongola liso na bino soki bokosalaka masumu na kotalaka makambo bosengelaki komona te.

Kasi, na ngolu na Nzambe epesamela bison a pamba, tosengeli te kokata maboko na makolo na biso to topikola miso mpona kokota Lola. Yango ezali mpo ete Mpate na biso, oyo Azanga masumu mpe mbeba, Nkolo na biso Yesu Christu, Abakamaka na Ekulusu mpona tina na biso, maboko na makolo ma Ye mabetamaki sete mpe Alataka montole na nzube.

Mwana na Nzambe Ayaka Kobebisa misala na zabolo

Bongo nani nani oyo akondimela na makila ma Yesu Christu alimbisami, asikolami na etumbu na libeke na moto to sufulu kopela, mpe azwi lifuti na bomoi na seko.

1 Yoane 3:7-9 elobeli biso ete, "Bana tika te ete moto apengola bino. Ye oyo azali kosola boyengebeni akosalaka boyengebene azali moyengebene pelamoko ye wana moyengebeni. Ye oyo akosalaka masumu auti na Satana mpo ete satana azali kosala masumu longwa na ebandeli. Yango wana Mwana na Nzambe Amonani mpona kobebisa misala na zabolo. Moto na moto oyo abotami na Nzambe Akosalaka masumu te mpo ete momboto na Nzambe ekoumelaka kati na ye. Ye mpe akoki kosala msumu te mpo ete asili kobotama na Nzambe."

Masumu ezali mabe koleka na misala, lokola koyiba, koboma, kokosela makambo. Maben a motema na moto ezali masumu makasi koleka. Nzambe Ayinaka masumu kati na mitema na biso. Ayinaka mitema mabe miye mikosambisa mpe kokatela mabe basusu, mitema mabe miye mikoyinaka mpe kokweisa basusu, mpe mitema mabe na kilikili mpe mikosalaka mabe. Nini Lola ekozala soki baton a lolenge oyo basengelaki kokota mpe kobika kati na yango? Ata na Lola, bato bakobanda koswana na nini malamu to mabe, nde Nzambe Akondima moto mabe kokota na Lola te.

Bongo soki bokomi bana na Nzambe na nguya na makila na Yesu Christu, bosengeli lisusu kolanda lokuta te to kosala lokola baumbo na zabolo, kasi bobika kati na solo lokola bana na Nzambe, oyo Azali Ye moko Pole. Kaka bongo nde bokoki kozwa Nkembo nioso na Lola, bozwa mapamboli mpona kosepela mpifo na mwana na Nzambe mpe bofuluka ata na mokili oyo.

Bosengeli te kosala masumu na kotatolaka kondima na bino

Nzambe Alingaka biso mingi mpenza ete atinda Mwana na Ye wa bolingo, Asala eloko te, mpe moko na likinda mpona kokufela biso na ekulusu. Bokoki kobanza lolenge nini Nzambe Akomilela mpe Akozwa nkanda tango Akomona ba oyo bakobetaka tolo ete bazali "Bana na Nzambe" bakosalaka masumu, nan se na bokonzi na zabolo, mpe kokende noki noki na Nzela na lifelo?

Nasengaki na bino bosala masumu te kasi botosa mobeko na Nzambe, na komitalisa ete bozali bana motuya na Nzambe. Tango bokosalaka bongo, mabondeli na bino nioso mikoyanolama noki noki mpe bokokoma bana na solo na Nzambe, mpe na suka, bokokota mpe bokobika na bisika na nkembo koleka Yelusalema na Sika. Bokozwa mpe nguya na mpifo na kobengana molili na ba oyo bayebi naino malamu solo te, bakoumela na kosalaka masumu, mpe bazali kokoma baumbo na zabolo. Bokozwa makasi na komema bango na Nzambe.

Tika ete bozala bana na Nzambe na solo, bozwa biyano na mabondeli na bino nioso mpe mituna, bopesa Ye nkembo, mpe bosikola batu ebele na nzela na lifelo, mpo ete bokoka kokoma na nkembo na Nzambe, ekongalaka lokola moi na Lola.

4. Milimo mabe Mikokangema na Libulu Mozindo

Kolandana na dictionaire Webster New world college kombo "Abyss," etalisami lokola "libulu mozindi ezanga suka," "bokabwani," to "eloko moko mozindo koleka mpona kopima." Na lolenge na biblia, Abime ezali bisika na mozindo mpe na nse koleka na lifelo. Ebongisama kaka mpona milimo mabe ba oyo bazali na boleki na bato na nse na moi te.

Namonaki mwanje kokita na likolo, azalaki na fungula na libulu mozindo, na monyololo monene na loboko na ye.Asimbi Dalagona, ye nyoka yango na kala kala , oyo azali motemeli, Satana, mpe akangi ye na monyololo mbula nkoto. Abwaki ye na libulu mozindo, azipi yango, mpe atii elembo likolo na yango, na ntina ete azimbisa mabota lisusu te, kino nsuka na mbula yango nkoto. Na nsima na yango ekokoka na ye kokangolama mwa ntango moke." (Emoniseli 20:1-3).

Oyo ezali elimbweli na tango pene pene na suka na Monyoko Monene na mbula sambo. Sima na bozongi na Yesu, milimo mabe bakokonza mokili mpona mbula sambo, bisika wapi Etumba Monene na III mpe bapasi na lolenge misusu mikoyela mokili.Sima na Monyoko Monene ezali Bokonzi na Nkoto, tango wapi milimo mabe bakokangema na Libulu Mozindo. Na pene pene na suka na Bokonzi na Nkoto, milimo mabe mokobimisama mpona tango moke mpe tango esambiseli na Ngwende Monene na Pembe ekosila, bakokangema lisusu kai na Libulu Mozindo, mpona seko na mbala oyo. Lucifer na basali na ye bakonzaka mokili na molili, kasi sima na esambiseli, lola na lifelo mikokangama kaka na nguya na Nzambe.

LIFELO

Milimo mabe mizali kaka bisaleli mpona boleki na bato na nse na moi

Bitumbu na lolenge nini milimo mabe bakozwa, ba oyo bakobungisa makasi nioso na mpifo, kati na Libulu monzindo.

Tika napesa bino ndakisa. Kati na lisituale na Corée, bakonzi bazalaka na basaleli mingi na momesano na bandako na bango. Basali bakotosa nioso bakolo na bango bakoloba. Sik'awa mokonzi azali na muana mobali to ya muasi abunga nzela oyo akotosa to kotosaka te kasi kaka kosala oyo balingi. Bongo elakisi ete mokonzi akolinga basali oyo bakotosaka ye koleka bana na ye na kilikili? Akoki kaka kolinga bana na ye ata soki bazali batosi na koleka te.

Lolenge moko na Nzambe. Alingaka bato bakelami na elilingi na Ye koleka ebele na mapinga na lola mpe banje ba oyo bakotosaka Ye. Mapinga na Lola mpe banje bazali lokola lobot ba oyo basalaka kaka oyo bayebisi bango. Nlokola bato de, bakoki te kokabola bolingo na slo na Nzambe.

Ya solo, ezali te koloba ete banje na ba lobot bazali lolenge moko na makambo nioso. Na ngambo moko, lobot bakosalaka kaka motindo bapesi bango, bazali na makoki na kopona te, mpe bakoki te koyoka eloko moko. Na loboko mosusu, lokola bato banje bayebi nini esenngo mpe mawa.

Tango bokoyokaka esengo to mawa, banje bakoyokaka lolenge moko na bino te, kasi bayebi moke, nini bozali koyoka. Bongo, tango bokosanjola Nzambe, banje bakosanjola Ye elongo na bino. Tango bokobina mpona kopesa nkembo na Nzambe, bakobinaa mpe elongo na bino mpe bakobeta ata mandanda elongo. Makambo oyo ekesanisi bango na lobot. Kasi, banje mna lobot bazali kaka lolenge moko na oyo bazamgi bango mibale makoki na kopona lolenge balingi mpe bakosalaka lolende batindami, basalama kaka lokola bisalelo.

Lokola banje, milimo mabe bazali eloko te kasi kaka bisalelo mpona boleki na baton a nse na moi. Bazali lokola masini oyo ekososolaka te malamu na mabe, esalema mpona tina moko boye, mpe basalelami mpona tina mabe.

Milimo mabe mikangema kati na Libulu Mozindo

Mobeko na mokili na molimo elobi ete "lifuti na masumu ezali kufa" mpe "Moto akobuka oyo alonaki." Sima na esambiseli Monene, milimo kati na Nkunda na Nse bakonyokwama kati na libeke na moto to sufulu kopela moto kolandana na mobeko oeye. Ezali mpo ete baponaki mabe na makoki na bango moko mpe sentiment tango bazalaka kokolisama nan se na moi.

Milimo mabe libanda na ba demona bazali kati na boleki na bato na nse na moi te. Bongo, sima na esambiseli, milimo mabe mikokangema kati na Libulu Mozindo na molili mpe malili, mpe mibwakama lokola ngomba na fulu. Yngo ezali etumbu oyo esengeli mpenza mpona bango.

Ngwende na Nzambe ezali na katikati mpe na suka na Lola. Na bokeseni milimo mabe mikokangema kati na Libulu Mozindo, bisika na mozindo koleka mpe na molili koleka na lifelo. Bakoki te koningana malamu kati na Libulu Mozindo molili mpe malili. Lokola bafinani nan se na mabanga minene, milimo mabe bakokangema seko na position na bisika moko.

Milimo mabe oyo bazalaka na kala na Lola mpe bazalaka na

misala na nkembo. Sima na bokweyi na bango. Sima na bokweyi na bango, banje oyo bakweya basalelaki mpifo na lolenge na bango moko kati na mokili na molili. Kasi, balongamaki na etumba batelimisakelaka Nzambe mpe nioso esilaki. Babungisi nkembo na talon a bikelamo na Lola. Kati na Libulu mozindo, lokola elembo na kolakelama mabe mpe soni, mapapu na banje oyo bakweisama mikopikolama. Molimo azali ekelamo na seko mpe ekufaka te. Kasi kati na libulu mozindo molimo mabe akoki tea ta koningisa mosapi, ezali na posa te, makanisi to na nguya te. Bazali lokola masini oyo ebomana, to muana popi oyo ebwakama, npe bakomonana ata lokola kokangama na malili.

Batindami na Lifelo misusu bakotikala kati na Nkunda na Nse

Rzali na exeption na mobeko oyo. Lolenge etalisama na likolo, bana na nse na mbula zomi na mibale bakotikala kati na Nkunda na Nse ata sima na esambiseli. Bongo, mpona etumbu likolo na bana oyo etikala, batindami na lifelo na kokamba basengeli.

Batindami oyo na lifelo bakangemi kati na Libulu Mozindo te kasi bakotikala kati na Nkunda na Nse. Bazali lokola ba lobot. Liboso na esambiseli, bakokaki tango mosusu koseka mpe kosepelana na eteni na bokonzi na Lucifer, oyo azali na lolenge na bato, oyo azalaka komema batindami na lifelo balakisa emotion. Sima na esambiseli, kasi, bazali lisusu ten nse na bokambami na Lucifer, kasi bakosala mosala na bango na sentiment moko te, na kosalaka lokola masini.

Bisika Wapi Ba Demona Bakosuka?

Na bokeseni na banje baye bakweyaka, ba dalagona na balandi na bango ba oyo bakelamaka liboso na kokela univer, ba demona bazali bikelamo na molimo te. Bazalaka bato, ba oyo basalemaka na mputulu, mpe bazalaka na milimo, milema, mpe ba nzoto lokola biso. Kati na ba oyo balekaka na mokili oyo kasi bakufaka na kozwa lobiko te ezali na ba oyo babimisama na mokili oyo na nse na makambo songolo lokola ba demona. Kati na ba oyo babikaka na mokili oyo mpe bakufa na kozanga kozwa lobiko ezali b aba oyo bazongisaka na mokili oyo lokola ba demona.Lolenge nini sik'awa moto akomaka demona? Ezali na momesano ba lolenge minei na wapi moto akoki kokoma demona.

Ya liboso ezali likambo na ba oyo batekisa molimo na molema na Satana.
Bato bakosalaka bonganga mpe bakoluka lisungi mpe nguya na milimo mabe mpona kosepelisa mposa mpe lokoso na bango, lokola ban ganga kisi, bakoki kokoma ba demona soki bakufi.

Ya mibale ezali bato oyo bamibomaka kati na mabe na bango moko. Soki bato basukisi bbomoi na bango moko mpona bombongo etamboli te to makambo misusu, batioli bokonzi na Nzambe likolo na bomoi mpe bakoki kokoma ba demona. Kasi, yango ezali lolenge moko te na oyo akabi bomoi na ye mpona ekolo to asungi bato bazanga lisungi. Soki moto, oyo ayebaka te lolenge nini kosukola na libeke, akoti na mai mpona kosunga moto mosusu mpe akufi, yango ezalaki mpona bolamu mpe

LIFELO

likambo na motuya.

Ya misato ezali likambo na bato oyo bandimelaka Nzambe kasi basukaka na kowangana Ye mpe na kotekisa kondima na bango.

Bandimi misusu bapamelaka mpe batelemelaka Nzambe tango pasi monene ekomelaka bango to babungisaka moto to eloko na motuya mingi mpona bango. Charles Darwin, mobandisi na evolution, azali ndakisa malamu. Darwin andimelaka Nzambe Mokeli. Tango muana na ye ya bolingo ya muasi akufaka na mbula moke, Darwin ayanganaka mpe ayaka kotelemela Nzambe mpe abandisa likambo na evolution. Baton a lolenge oyo basalaka lisumu na kobakisa mbala mibale Yesu Christu, mobikisi na biso, mbala na mbala (Baebele).

Ya minei ezali likambo etali bato oyo bazipaka, bakotelemela, mpe bakotuka Molimo Mosantu ata soki bandimela Nzambe mpe bayebi solo (Matthieu 12:31-32; Luka 12:10).

Lelo bato mingi ba oyo bamonani lokola bandimela Nzambe, bakopekisa, kotelemela, mpe bakotuka Molimo Mosantu. Ata soki bamona misala mingi na Nzambe, bakokobaka kaka na kokatela basusu, kotelemela misala na Molimo Mosantu, mpe komeka na kobebisa ba egelesia na misala na Ye. Lisusu, soki bazali bakambi masumu na bango makokoma lisusu makasi.

Tango basumuki oyo bakokufa, bakobwakama na Nkunda na Nse mpe bakozwa etumbu na misato to na minei. Likambo ezali ete basusu kati na bango bakokoma ba demona mpe bakosikolama kati na mokili oyo.

Ba demona bakambami na zabolo

Kino esambiseli Lucifer azali nna bokonzi likolo na mokili na molili mpe Nkunda na Nse. Bongo, Lucifer mpe azali na nguya na kopona milimo misusu ba oyo bakoki mpona mosala na ye wuta Nkunda na Nse mpe akosalela bango kati na mokili oyo lokola ba demona.

Tango milimo miye mikoponama mpe mikosikolama na mokili, na bokeseni na lolenge bazalaka na tango na bomoi na bango, bazali lisusu na makoki to ndenge na bango moko. Kolandana na mposa na Lucifer, bakambami na zabolo mpe basalelami kaka lokola bisaleli mpona kokokisa mikano na mokili na milimo mabe.

Ba demona oyo bakomekaka baton a mokili mpona kolinga mokili. Masumu na somo misusu na lelo mpe koboma mizalaka na pamba te kasi misalemaka mpona misala na ba domona kolandana na mposa na Lucifer. Ba demona bakotelaka bato wana kolandana na mobeko na mokili na molimo mpe bakomemaka bango na lifelo. Tango misusu, bademona bakokomisa bato ba koka mpe bakomemelaka bango bokono. Kasi yango elingi koloba te ete ba deformation to malali nioso miwutaka na ba demona kasi ba tango misusu mikoyaka mpona bango. Tomoni kati ma Biblia muana moke oyo mokangemi na ba demona oyo azalaka baba wuta bolenge na ye (Malako 9:17-24), mpe muasi oyo molimo ekomisaka koka mpona mbula zomi na muambe, angumbamaka mpe akokaka lisusu konyolisama te.(Luka 13:10-13).

Kolandana na mposa na Lucifer epesamela na ba demona misala na mike koleka na mokili na molili kasi bango bakokangama na lubulu mozindo te sima na esambiselo. Mpo ete ba demona bazalaka bato mpe balekaka nan se na moi, elongo na ba oyo bazali kozwa etumbu na misato to na minei kati na Nkunda na Nse, bakobwakama kati na libeke na sufulu kopela moto sima na esambiseli na Ngwende monene na Pembe.

Milimo mabe babangaka Libulu Mozindo

Basusu kati na bino bakobanza maloba kati na Biblia bakoki komona likambo eye. Kati na Luka 8, ezali na likambo wapi Yesu Akutani na mokangemi na ba demona, Tango Apamelaki ba demona ete babima libanda na moto, ba demona balobaki ete, "Likambo nini Yo na ngai eh Yesu, Muana na Nzambe oyo Aleki Likolo? Nabondeli Yo ete Onyokola ngai te. (Luka 8:28) mpe alombaki na Yesu ete atindama na libulu mozindo te.

Ba demona basengeli na kobwakama kati na libeke na sufulu kopela moto, kasi na libulu mozindo te. Bongo, mpona nini esengaki na Yesu ete etinda yango na libulu mozindo te? Lolenge etalisami na likolo, ba demona bazalaka bato mpe na lolenge oyo, bazali kaka basaleli pamba na boleki na baton a nse na moi kolandana na mokano na Lucifer. Bongo, tango balobaka na Yesu o nzela na bibebo na moto, ezalaki kotalisa motema na milimo mabe ba oyo bakambaka bango, kasi makanisi na bango moko te. Milimo mabe bakonzami na Lucifer bayebi ete tango mokano na Nzambe mpona bato koleka nan se na mpi ekosila, bakobungisa mpifo na bango nioso na nguya mpe bakokangema seko kati na Libulu Mozindo. Bobangi na bango mpona lobi na bango etalisamaki malamu mpenza o nzela na kolomba na demona.

Bongo demona mpe azalaki kaka esalelo mpona milimo mabe bakoka kobanga lolenge suka na bango ekokaka kokomama kati na Biblia.

Pona nini ba demona bayinaka Korea na likolo, mai, mpe moto?

N ebandeli na lingomba na ngai, Molimo Mosantu Azalaka kosala makasi mpenza kati na egelesia na ngai ete bakufi miso bayaka na komona, balobaka te balboa, bato na bukabuka batambola, mpe milimo mabe babenganamaki. Sango oyo epanzanaki na mboka mobimba, mpe baton a bokono mingi bayaka. Na tango wana, ngai moko nazalaka kobondela mpona bakangemi na ba demona, mpe ba demona lokola bikelamo na molimo bayebaka ete bakobimisama. Tango mosusu, ba demona misusu bakobondela ngai ete "Bolimbisi kotinda bison a mai, moto, to Korea na Likolo te!"

Ya solo, nakokaki kondime bosenga na bango te. Sima na wana, nabondelaki ete, "Nzambe, pona nini ba demona bakoyinaka Korea na Likolo?" Na koyanola, Nzambe Alimbolelaki ngai ete ba demona bayinaka Korea na Likolo mpo ete bato na ba mboka lolenge wana bangumbamelaka bikeko te nde bakondimaka ba demona te.

Pona nini bongo ba demona bakoyinaka main a moto? Biblia elimboli koyina na bango na main a moto mpe lokola. Tango nabondelaka lisusu mpona limbola likolo na yango, Nzambe Ayebisaki ngai ete na molimo mai ezali bomoi, mingi na mozindo ezali Liloba na Nzambe oyo Ezali

Na Malako 5 ezali na esika wapi Yesu apameli ba demona

"Ebele" babima moto, mpe babondelakiYe Atinda bango kati na ba ngulu (Malako 5:12). Yesu Apesaki bango nzela, mpe milimo mabe babimaki kati na moto mpe bakotaki kati na bangulu. Etuluku na bangulu, nkoto mibale, bakimaki kati na libeke mpe bazindaki. Yesu Asalaki yango mpona kopekisa ba demona oyo na kosalela lisusu Lucifer te mna kozindisa bango kati na libeke. Yango elakisi te ete, ba demona bazindaki; babungisaki kaka nguya na bango. Tala ntina Yesu Alobeli biso ete "Wana molimo na mbindo abimi kati na moto, akotambolaka na bisika bizangi mai mpona koluka efandelo nde akozwa te" (Matai 12:43).

Bana na Nzambe basengeli koyeba mokili na molimo malamu mpona kotalisa nguya na Nzambe. Ba demona balengaka na bobangi soki bobengani bango na libanda na boyebi malamu na mokili na molimo. Kasi, bakolengaka te, ata kobengana ma te, soki kaka bokolobaka ete, "Yo demona bima mpe kende na mai! Kende na moto!" na kozanga bososoli na molimo.

Lucifer abundakabundaka mpona kofandisa bokonzi na ye

Nzambe Azali Nzambe na bolingo ebele kasi Azali mpe Nzambe na sembo. Ata boni bakonzi na mokili oyo bakoki kolimbisa mpe kopesa ngolu, bakoki te kozala bongo mpona tango nioso. Tango ezali na miyibi mpe na babomi kati na mboka, mokonzi asengeli kokanga mpe kopesa bango etumbu kolandana na mibeko na mabele mpona kobatela kimya mpe securite kati na bato na ye. Ata tango bana na ye na bolingo bakosala likambo na somo lokola trahison, mokonzi azalaka na nzela mosusu te kasi kopesa bango etumbu kolandana na mobeko.

Na lolenge oyo, bolingo na Nzambe ezali bolingo oyo ekokani na molongo makasi na mokili na molimo. Nzambe Alingaka mingi Lucifer liboso na kosumuka na ye, ata sima na kosumuka, Nzambe Apesaka Lucifer nguya nioso likolo na mokili na molili, kasi lifuti moko ye akozwa ezali kokangema libela kati na Libulu Mozindo. Wuta Lucifer asi ayeba yango, azali kobundabunda mpona kotelemisa bokonzi na ye mpe abatela yango na kotelema ngwi. Mpona ntina oyo, Lucifer aboma basakoli mingi na Nzambe mbula nkoto mibale eleka ata liboso na wana. Mbula nkoto mibale eleka, tango lucifer asosolaka mbotama na Yesu, mpe mpona kotelemela bokonzi na Nzambe eya mpe na kobatela seko bokonzi na ye na molili, amekaka koboma Yesu o nzela na mokonzi Elode. Sima na kotindikama na Satana, Elode apesaka motindo ete bana mike nioso na mboka, ba oyo bazalaka na mbula mibale mpe na nse babomama (Matai 2:13-18).

Libanda na wana, kati na ba mbula nkoto mibale eleka, Lucifer amekaka tango nioso kobebisa mpe koboma moto nioso oyo atalisa nguya na bilembo na bikamwa na Nzambe. Kasi, Lucifer akoki sokomoke te kolonga Nzambe to kolekela bwanya na Ye, mpe suka na ye ezali kaka kati na Libulu Mozindo.

Nzambe wa Bolingo Azali kozela mpe kopesa nzela na tubela

bato nioso na mokili bakangema na kosambisama kolandana

na misala na bango. Mpona bato mabe bilakeli mabe mpe bitumbu mizali kozela bango mpe mpona bato malamu mapamboli mpe nkembo. Kasi, oyo Azali Ye moko bolingo Abwakaka bato na mbala moko te, ba oyo basumuki kati na lifelo. Azali kozela na kimya bato batubela lokola ekomama na 2 Petelo 3:8-9 ete "Balingami likambo oyo moko likima bino te, ete epai na Nkolo,mokolo moko ezali lokola mbula nkoto moko mpe mbula nkoto lokola mokolo moko.Nkolo Akoumela nsima na elaka na ye te,lokola bamosusu bakokanisa ete Akoumela.Kasi Azali na motema molayi epai na bino, Alingi te ete bamosusu babeba kasi ete bato nioso bakoma kombongwana na motema."

Oyo nde bolingo na Nzambe oyo Alingi bato nioso bazwa lobiko.

O nzela na sango oyo na lifelo, bosengeli kobanza ete Nzambe Akangaka mpe motema mpe Azelaka ba oyo bazali sasaipi kati na Nkunda na Nse. Nzambe oyo na bolingo Azali komilela mpona milimo, miye mikelama na elilingi mpe lolenge na Ye, oyo bazali konyokwama mpe bakonyokwama na bikeke na koya.

Ata kokanga motema mpe bolingo na Nzambe, soki bato bakondima Sango Malamu te kino suka to bakoloba ete bandimeli kasi bakokoba na kosumuka, bakobungisa mabaku malamu nioso mpona lobiko mpe bakokweya kati na lifelo.

Tala tina biso bandimi tosengeli tango nioso kopanza Sango Malamu soki nzela ezali to ezali te. Toloba ete ezalaki na moto makasi kati na ndako na bino tango bobimaki. Tango bozongi, ndako etondisamaki na moto mpe bana na bino bazalaki kolala na kati. Bokosala nioso esengeli te mpona kosikola bana na bino? Motema na Nzambe ezokaka mingi tango Amonaka bato oyo bakelama na elilingi na Ye mpe na lolenge na Ye basumuka mpe bakweya kati na moto na seko na lifelo. Lolenge moko, bokoki kokanisa boni na esengo Nzambe Akozala komona bato komema bato misusu na lobiko?

Bosengeli kososola motema na Nzambe oyo elingaka bato nioso mpe ekolelaka mpona ba oyo bazali o nzela na lifelo, elongo na motema na Yesu Christu oyo Alingaka ata kobungisa moto moko te. Sik'awa botangi likolo na somo mpe pasi makasi na lifelo, bokoki sik'oyo kososola mpona nini Nzambe Asepelaka mingi na lobiko na bao. Nakolikya ete bokokanga mpe bokososola motema na Nzambe mpo ete bopanza Sango Malamu mpe bomema bato na lola.

Chapitre 9

Pona Nini Nzambe na Bolingo Asengelaki na kobongisa Lifelo?

1. Kokanga motema mpe bolingo na Nzambe
2. Pona nini Nzambe wa bolingo Asengelaki kobongisa Lifelo
3. Nzambe Alingi bato nioso bazwa Lobiko
4. Bopanza Sango Malamu na kobanza banza te

"[Nzambe] Oyo alingi bato nioso babika mpe ete bakoma na boyebi na koyeba solo."
(1 Timote 2:4)

"Azali na epupeli kati na loboko na Ye mpe akopetola etutelo na ye mpe akoyanganisa masango na ye na ebombelo, nde akozikisa matiti na moto ekozimama te."
(Matai 3:12)

Eleki mbula nkoto mibale, Yesu Akenda na ba engomba mpe ba mboka na Yisalele, koteya Sango Malamu mpe Abikisa bokono na lolenge nioso. Tango Akutanaka na bato, Yesu Ayokaka mawa, mpo ete batungisamaki mpe na lisungi te, lokola mpate azanga mokengeli (Matai 9:36). Ezalaki na bato mingi ba oyo basengelaki na kobika, kasi ezalaki na moto te mpona kotalela bango. Ata soki Yesu Akendaka noki noki kati na ba mboka mpe Atalaka bato, Akokaka te kolandela bato nioso na mbala moko.

Na Matai 9:37-38, Yesu Ayebisi bayekoli na Ye ete, Boye Alobi na bayekoli na Ye ete: 'Mbuma na elanga iteli mingi mpenza kasi basali bazali mingi te. Bobondela Nkolo na elanga ete Atinda basali kati na elanga na mbuma na Ye.' Bosenga makasi ezalaki mpona basali ba oyo bakoyekolisa bato ebele solo na motema ezali kopela moto mpe abengana molili kati na bango na bisika na Yesu.

Na mikolo oyo bato mingi bakangemi na masumu, bakonyokwama na ba bokono, bobola, mpe na komilela, mpe bazali kokende o nzela na lifelo- Nioso mpo ete bayebi solo te. Tosengeli kososola motema na Yesu oyo Azali koluka basali na kotinda kati na elanga, mpo ete bozwa kaka lobiko te kasi botatola mpe Ye ete, "Nazali awa! Tinda ngai Nkolo."

1. Kokanga Motema na Bolingo na Nzambe

Ezalaki na mwuana oyo alingamaki mingi na baboti na ye. Mokolo moko, muana oyo asengaki na baboti na ye bapesa ye eteni na biloko na ye.Bandimaka bosenga na muana na bango, ata soki basosolaka mpenza te tina nini azalaki kosala mpo ete biloko niooso ezalaki ya Ye. Bongo muana akendaka mosika na eteni na biloko na ye. Ata soki na ebandeli azalaka na elikya mpe na mabongisi, moke moke amipesaka kati na bisengo mpe posa na mokili mpe abungisaka misolo ma ye nioso na suka. Lisusu, mboka ekotaka na crise makasi mpe akomaka lisusu mobola na koleka. Mokolo moko moto amemaka sango epai na baboti na ye ete muana na bango akomaka molombi mpona kobebisa misolo na ye, nde atiolamaka na bato.

Baboti na ye bayokaka lolenge nini? Bakokaka kozala na nkanda na ebandeli, kasi na kala te bakobanda komitungisa mpona ye, na kokanisaka ete: 'Tolimbisi yo muana. Zonga kaka noki noki na ndako!'

Nzambe Andimaka bana oyo bazongelaka Ye na tubela

Motema na baboti na lolenge oyo ekomama kati na Luka 15. Tata, oyomuana na ye akendaka na mboka mosika, azelaka muana na ye na ekuke mokolo na mokolo. Tata azalaka kozela mokolo nioso mpona bozongi na ye. Tata azalaka kozela kozela mpenza bozongi na muana na ye été tango muana na ye azongaki, tata akokaka na mbala moko koyeba ye ata na mosika, akimaka koyamba muana na ye, abwaki maboko na kozinga ye na esengo. Tata alatisaki muana motubeli na na elamba na sandale kitoko koleka.

Oyo nde motema na Nzambe. Alimbisaka kaka ba oyo nioso

batubeli mpenza, ata mabe na bango ezalaka lolenge nini te, kasi aAkopesaka bango makasi mpe nguya na koyika mpiko. Tango moto moko abikisami na kondima, Nzambe Asepelaka mpe koyangana na mapinga na lola mpe na banje. Nzambe na biso na ngolu Azali bolingo. Na motema na tata kozela muana na ye, Nzambe Alingi mpenza bato nioso balongwa na masumu mpe bazwa lobiko.

Nzambe na bolingo na bolimbisi

Na nzela na Hosea chapitre 3, bokoki komona elembo na mawa mpe koluka bolamu mingi, na Nzambe, oyo Alingaka kolimbisa mpe kolinga ata basumuki

Mokolo moko, Nzambe Asengaka na Hosea azwa muasi ndumba lokola muasi na ye. Hosea atosaki mpe abalaka Gomer. Ba mbula moke na sima Gomer akokaki te kobatela motema na ye mpe alingaka mobali mosusu. Lisusu, afutamaka lokola ndumba mpe akendaka kolinga mobali mosusu. Bongo Nzambe Alobelaki Hosea ete, "Kenda naino, kolingana na muasi oyo alingani na mibali mpe oyo azali na pite, lokola Yawe azali kolingana na baton a Yisalele ata bango bakotalela na nzambe mpe bazali na mposa na mikate na mboma na miwiti" Nzambe Apesaki motindo na Hosea alinga muasi na ye, oyo akosaka ye mpe akimaka ndaku mpona kolinga mobali mosusu. Hosea azongisaka Gomer na ndako sima na kofuta misilo shekel zomi na mitano mpe homele moko mpe na leteke moko na loso. (Et 2). Bato boni bakoki kosala yango? Sima na Hosea kozongisa Gomer, ayebisaki ye ete, Okofanda na ngai mikolo mingi;

okosala pite te. Okozala na mobali mosusu te" (v.3). Apamelaki ye to ayinaki ye te, kasi alimbisaki ye na bolingo mpe alobelaki ye ete atika ye lisusu te.

Oyo Hosea asalaki emonanaki lokola bozoba na miso na baton a mokili oyo. Kasi, motema na ye etalisaki motema na Nzambe. Lolenge Hosea abalaka muasi ndumba, Nzambe aAlingaka biso wa yambo, biso ba oyo totikaka ye, mpe asikola kutu biso.

Sima na lisumu na Adamu, bato nioso bakangemaka na masumu. Lokola Gomer, basengelaki na bolingo na Nzambe te. Kasi, Nzambe Alingaka bango mpe apesaka bango Muana na Ye se moko na Likinda Yesu mpona kobakama na ekulusu. Yesu oyo Abetamaka fimbo, Alataka motole na nzube, mpe abetamaka sete na maboko mpe na makolo ma Ye mpo ete Akoka kobikisa biso. Ata lolenge Abakamaki o ekulusu mpe Azalaka kokata motema, Abondelaki ete, "Tata, Limbisa bango." Ata lolenge tokolobaka, Yesu Azali kobondela mpona basumuki nioso liboso na Ngwende na Nzambe na biso Tata na Lola.

Kasi bato mingi bayebi bolingo mpe ngolu na Nzambe te. Kutu, balingi mokili mpe bakokobaka na kosumuka na kolukaka kosepelesa ba posa na bango na mosuni. Basusu bakobikaka kati na molili mpo ete bayebi solo te kasi na koleka na tango, mitema na bango mikombongwana mpe bakosumuka lisusu. Soki basi babiki, bato basengeli kobulisama mokolo na mokolo. Kasi mitema na bango ekweisami mpe ebebisami lokola tango bayambaka na liboso Molimo Mosantu. Yango ezali tina oyo bango basalaki masumu oyo balongolaka na kala.

Nzambe Alingi kolimbisa ata ba oyo basumukaka mpe balingaka mokili. Kaka lolenge Hosea azongisaka muasi na ye na pite oyo alingaka mobali mosusu. Nzambe Azali kozela bana na Ye basumuki bazongela Ye na nzela na tubela. Bongo, tosengeli kosososla motema na Nzambe oyo Atalisa biso mateya likolo na lifelo. Nzambe Alingi te kobangisa biso; Alingi kaka ete biso toyekola likolo na mawa kati na lifelo, to tubela mpenza, mpe tozwa lobiko. Mateya likolo na lifelo ezali lolenge mpona Ye kotalisa bolingo na Ye oyo ekopela lokola moto mpona biso. Tosengeli mpe kosososla motema na Ye na mozindo koleka mpe topanza sango malamu epaina bato ebele mpona kobikisa bango na etumbu na seko.

2. Pona nini Nzambe na Bolingo Asengelaki na Kobongisa Lifelo?

Genese 2:7 etangi ete "Na ntango yango Yawe Nzambe Asalaki moto na mputulu na mokili, mpe Apemaki kati na zolo na Ye mpema na bomoi, mpe moto akomaki molimo na bomoi."

Na 1983, mbula sima na bikuke na egelesia na ngai kofungwama, Nzambe Atalisaka ngai emoniseli wapi kokelama na Adamu elimbolamaki. Nzambe Azalaka kosala na esengo mpe na nsai Adamu na mputulu na bolingo, lokola muana oyo azali kosakana na jouet na ye to muana popi oyo alingaka mingi. Na sima na kosala Adamu na ekenge koleka, Nzambe Apemaki

LIFELO

kati na zolo na ye mpema na bomoi. Mpo ete tozwaki mpema na bomoi epai na Nzambe oyo Azali Molimo. Molimo na molema na biso mikokufaka te. Nzoto oyo esalema na mputulu ekufaka mpe ezongaka na moke na mputulu, kasi molimo na bison a molema mikotikalaka seko.

Mpona ntina yango, Nzambe Asengelaki kobongisa bisika mpona milimo miango mikokufaka te mizala, mpe mizali Lola na lifelo. Lolenge ekomama na 2 Petelo 2:9-10, bato oyo babikaka na kobanga Nzambe bakobika mpe bakokota Lola, kasi bazangi bosembo bakozwa etumbu na lifelo.

"Boye Ye Nkolo Ayebi kobikisa baye bakosambela ye wana ezali bango kati na komekama nde kobatela bakeseni kino mokolo na kosamba mpona kozua etumbu.eleki mpe bongo mpona ntina na bango bakobilakka makanisi na nzoto mpona mposa na bosoto mpe bakoboya bipekiseli. Bazali baton a mitu makasi, baton a komikumisa, bakolengaka te wana ezali bango kotuka bikelamo na nkembo."

Na loboko moko, bana na Nzambe bakobika nan se na bokonzi na Ye na seko na Lola. Nde, Lola etondisama tango nioso na esengo na nsai, Na loboko mosusu, lifelo ezali bisika mpona ba oyo nioso bandimelaka te bolingo na Nzambe kasi kutu batikaki Ye mpe bakoma baumbu na masumu. Na lifelo, bakozwa bitumbu makasi mpenza. Mpona nini sik'awa Nzambe na bolingo abongisaka lifelo?

Nzambe Akabola masango na matiti mabe

Lolenge moloni alonaka nkona mpe akolandelaka yango, Nzambe Akokolisaka bato na mokili oyo mpona kozwa bana na solo. Tango ngonga na kobuka ekoma, Akokabola masangu na matiti, na kotindaka masangu na Lola mpe matiti na lifelo.

Azali na epupelo kati na loboko na Ye mpe Akopetola etutelo na Ye mpe Akoyanganisa masango na Ye na ebombelo, nde Akozikisa na moto makozimama te. (Matai 3:12).

Masango awa etalisi ba oyo nioso bandimeli Yesu Christu, bakomekaka kozongela elilingi na Nzambe, mpe kobika kolandana na liloba na Ye. "Matiti" elakisi ba oyo bakondimela Yesu Christu lokola Mobikisi na bango te, kasi bakolingaka mokili, mpe kolanda mabe.

Lolenge moloni akosangisa masango kati na ebombelo mpe akotumba matiti to akosalela yango lokola fumier na tango na kobuka, Nzambe mpe Akomema masango na Lola mpe Akobwaka matiti na lifelo.

Nzambe Alingi mpenza toyeba likolo na bozali na Nkunda na Nse mpe lifelo. Volcan na nse na mokili mpe moto etalisamaka lokola ebanzisi na etumbu na seko na lifelo. Soki ezalaka na moto te to sufulu kati na mokili oyo, lolenge nini tokokaki ata kobanza na somo na makambo na kati na Nkunda na Nse na Lifelo? Nzambe Akelaka makambo mina mpo ete mizali na motuya mpona boleki na baton a nse na moi.

Tina na matiti kobwakama kati na moto na lifelo

Basusu bakoki komituna ete, "Pona nini Nzambe na bolingo abongisaka lifelo? Mpona nini Akokaka kotika matiti kati na Lola mpe te? Kitoko na Lola eleki makanisi to limbola nioso. Nzabe, mokonzi na Lola Azali bulee na kozanga mbeba to mabe nde bongo, kaka ba oyo bakosala mokano na Yen de bakondimama kati na Lola(Matai 7 :21). Soki bato mabe bazalaki kati na Lola elongo na bato batondisama bolingo na bolamu, bomoi kati na Lola elingaka kozala pasi mpenza na tin ate, mpe Lola kitoko ekobebisama. Tala ntina Nzambe Asengelaka na kosala lifelo mpona kokabola masango na Lola na matiti na lifelo.

Soki lifelo ezalaki te, bayengebene na bato mabe basengelaki kobika bisika moko na makasi. Yango esengelaki kozala bongo, Lola ekokoma Lola na molili. Etondisama na konganga mpe milelo. Kasi, tina na Nzambe kolekisa bato na nse na moi ezalaki mpona kokela bisika na lolenge wana te. Lola ezali bisika ezanga kolela, mawa, komitungisa, na bokono, bisika wapi Akoki kokabola bolingo na Ye monene elongo na bana na Ye libela na libela. Bongo, lifelo ezali na litomba mpona kokangela mpona seko bato mabe mpe bato bazangi tina- matiti.

Baloma 6:16 etangi ete, "Boyebi te ete soko bokomipesa bino mpenza epai na moto ete bosalela ye na botosi, bozali baombo na ye oyo bokotosaka, soko baombo na masumu oyo ikokambaka kino kufa, soko baombo na botosi oyo ekokamba kino boyengebene?" Boyeba yango ete, ba oyo nioso babikaka kolandana na Liloba na Nzambe te bazali baumbu na masumu mpe baumbu na moyini na biso Satana na zabolo. Na mokili oyo, bakonzami na moyini Satana na zabolo; sima na kufa, bakobwakama kati na maboko na milimo wana mabe na lifelo mpe bakozwa bitumbu na lolenge lolenge.

Nzambe Akofutaka moto nioso kolandana na nini asalaki

Nzambe na biso azali kaka Nzambe bolingo, mawa, mpe bolamu kasi lisusu Nzambe sembo oyo Afutaka moto na moto kati na biso kolandana na misala na biso. Bagalatia 6:7-8 etangi ete:

Bomikosana te, Nzambe atiolamaka te; soko moto akokona nini, akobuka bobole yango. Soko akokona kati na nzoto, akobuka libebi kati na nzoto; nde ye oyo akolona kati na Molimo akobuka bomoi na seko kati na Molimo."

Na loboko moko, tango bokolona mabondeli na masanjoli, ekopesamela bino nguya na kobika kolandana na Liloba na Nzambe na nguya wuta Lola. Mpe molimo na molema na bino ekokomisama malamu. Tango bokolona na misala na sembo, biteni nioso molimo, molema, mpe nzoto na bino mikozwa makasi. Tango bokolona misolo na nzela na moko na zomi to mabonza na matondi, bokopambolama na misolo mingi koleka mpo ete bokoka kolona mingi koleka mpona bokonzi na Nzambe na bosembo na yango. Na loboko mosusu, tango

LIFELO

bokolona mabe

Na Yoane 5:29-29, Yesu Alobi na biso ete, "Bokamwa na likambo oyo te mpo ete ntango ekoya wana nioso bazali kati na nkunda bakoyoka mongongo na Ye mpe bakobima; baoyo basalaki malamu mpona lisekwa na bomoi; baoyo basalaki mabe mpona lisekwa na kosambisama." Na Matai 16 :27, Yesu Alaki biso ete, "Mpo ete Muana na Moto Akoya na nkembo na Tata na Ye esika mpoko na baje na Ye, mpe na tango yango Akopesa moto na moto libonza kobila misala na ye."

Na kokatela na lolenge esengeli mpenza, o nzela na esambiseli Nzambe Akofuta likabo ekoki mpe Akopesa etumbu ekoki na moto niso kolandana na nini asalaki. Soko nani nani akokenda na Lola to lifelo ezali na maboko na Nzambe te kasi kolandana na moto na moto oyo azali na makoki na kopona, mpe moto nioso akobuka oyo alonaki.

Nzambe Alingi Bato Nioso Bazwa Lobiko

Nzambe Atalaka moto nioso oyo akelama na elilingi na Ye motuya koleka univer mobimba. Bongo, Nzambe Alingi bao nioso bandimela Yesu Christu mpe bazwa lobiko.

Nzambe Asepelaka kutu mingi na tango mosumuki moko atubelaka

Na motema na mokambi oyo azali kotala bipai na bipai na nzela mabaku ata mpona mpate moko abunga ata soki azali na Ntuku libwa na libwa (Luka 15:4-7), Nzambe Asepelaka lisusu koleka likolo na mosumuki moko oyo akotubela koleka ntuku libwa na libwa na bayengebene ba oyo bazali na ntina na tubela te.

Moyembi akoma kati na nzembo 103:12-13 ete, "Mosika pelamoko na yango kati na epai na ebimelo nan tango mpe epai na eliwelo na yango, mosika boye asili kolongola bipengweli na biso. Pelamoko tata akoyekela bana na ye mawa, boye Yawe Akoyokelaka bango mawa baoyo bakobangaka ye." Nzambe Alaka mpe na Yisaya 1:18 ete "Boye, tolobana likambo elongo moko; Yawe Alobi bongo. Ata masumu na bino ezali motane lokola ngola, ikokoma mpembe lokola mbula mpembe; ata izali motane lokola makila, ekozala lokola suki na bampate."

Nzambe Azali pole yango mpenza mpe kati na Ye, molili ezali te. Azali mpe bolamu yango mpenza, oyo Ayinaka masumu, kasi tango mosumuki akoya liboso na Ye mpe atubeli, Nzambe akokanisa masumu na ye te. Kasi, Nzambe Akoyamba mpe akopambola basumuki na bolimbisi mpe bolingo na Ye ezanga suka.

Soki bososoli ata moke bolingo na nkamua na Nzambe, bokolinga kosalela moto nioso na bolingo oyo ezanga suka. Bokosengela na kozala na mawa na ba oyo bazali kokenda o nzela na moto na lifelo, bobondela makasi mpona bango, bokabola Sango Malamu na bango, mpe bokende kotala ba oyo bazali na kondima na makasi te mpe bopesa makasi na kondima na bango mpo ete batelema ngwi.

Soki bokotubelaka te

LIFELO

1 Timote 2:4 elobeli biso ete, "Nzambe Alingi bato nioso babika mpe bakoma na boyebi na solo." Nzambe Alingi mpenza bato nioso bayeba Ye, bazwa lobiko, mpe baya bisika Ye Azali. Nzambe Azali kozela lobiko ata na moto moko, na kozelaka bato kati na molili mpe na masumu bazongela Ye.

Kasi ata soki Nzambe Apesaka bato ba nzela mingi na kotubela, na bisika na kopesa ata Muana na Ye se moko na likinda na ekulusu, soki bakotubela te mpe bakokufa, kaka likambo moko etikali mpona bango. Kolandana na mobeko na mokili na molimo, bakobuka nini balonaki mpe bakofutamma kolandana na oyo basalaki, mpe bakobwakama na suka kati na lifelo.

Nakolikya ete bokososola bolingo oyo na nkamua mpe bosembo na Nzambe mpo ete bokoka koyamba Yesu Christu mpe bolimbisama. Lisusu, bosala mpe bobika kolandana na mokano naNzambe mpo ete bokoka kongala lokola moi na Lola.

1. Bopanza Sango Malamu na nguya

Ba oyo bayebi mpe bandimelaka solo bozali na Lola mpe lifelo bakoki kotika koteya te, mpo ete bayebi motema na Nzambe oyo Alingi bato nioso bazwa mpe lobiko.

Soki bato na koteya Sango Malamu bazali te

Baloma 10:14-15 elobeli biso ete Nzambe Akumisaka ba oyo bateyaka Sango Malamu:

"Na nzela nini bakobila Ye oyo bandimeli te? Na nzela nini bakondimela Ye oyo bayoki mpona Ye te? Bakoyoka na nzela nini soki bazangi mosakoli? Bakosakola na nzela nini soki batindami te? Pelamoko ekomami ete, kitoko boni makolo na bango bakosakolaka nsango na makambo malamu!"

Na 2 Bakonzi 5, ezali na lisolo likolo na Namana, mokonzi na mapinga na mokonzi na Sulia. Namana atalamaki moto atombwama mpe andimama na mokonzi na ye mpo ete abikisaka mboka na ye mbala mingi. Akendaka sango mpe azwaka bozwi, mpe azangaka eloko te. Kasi, Namana azalaki na maba.Na mikolo wana maba ezalaki bokono ezanga lobiko mpe emonanaka lokola elakelami mabe na lola, nde lokumu mpe bozwi na Namana ezalaki mpamba na miso na ye, Ata mokonzi na ye moko akokaki kobikisa ye te.

Bongo bokokaki kobanza na motema na Namana oyo akomaki kotala nzoto na ye na nkolongono na kala koliama mpe kopola mokolo na mokolo? Lisusu, ata bandeko na libota na ye moko bakomaki mosika na Namana, na kobangaka ete, bango mpe lokola bakokaki kozwa bokono. Bongo, boni bozangi nguya mpe elikya Namana alingaki koyoka?

Kasi ata bongo Nzambe Azalaki na mabongisi malamu mpona Namana, mokonzi mopagano. Ezalaki na muana mosala na muasi oyo akangemaka na Yisalele, oyo azalaka kosalela muasi na Namana.

Namana abikisami sima na koyoka muana mosala na ye

241

LIFELO

Muana mosala ya muasi, ata soki azalaka muana muasi moke, ayebaka lolenge kani kosilisa likambo na Namana. Muana andimaka ete Elisa, mosakoli na Samalia, akokaka kobikisa bokono na nkolo na ye. Ateyaka likolo na nguya na Nzambe oyo etalisamaka na nzela na Elisa epai na nkolo na ye. Akangaka monoko na ye te mingi likolo na likambo wapi azalaki na kondima makasi. Sima na koyoka sango oyo, Namana abongisaki libonza na motema na ye nioso na bosolo mpe akendeki kotala mosakoli.

Nini bokanisi ete ekomelaki Namana? Abikisamaki mobimba na nguya na Nzambe oyo Azalaki na Elisa. Atatolaki kutu ete, "Tala sik'awa, nayebi ete Nzambe mosusu azali te kati na mokili, soko Nzambe na Yisalele" (2 Bakonzi 5:15). Namana abikisamaki kaka na bokono na ye te, kasi kokoso na molimo na ye mpe esilaki mpe lokola.

Mpona lisolo oyo Yesu Alobeli na Luka 4:27 ete: "Bato na mbala bazalaki mingi na Yisaelele na tango na mosakoli Elisa, nde moko na bango apetolamaki te, bobele Namana Mosulia." Mpona nini kaka Namana mopagano nde akokaki kobika ata soki ezalaki na bato mingi na mbala na Yisalele? Yango ezalaki mpo ete motema na Namana ezalaki malamu mpe na komikitisa mpona koyoka toil na bato misusu. Ata soki Namana azalaka mopaya, Nzambe Abongisaka nzela na lobiko mpona ye mpo ete azalaka moto malamu, na tango nioso mokonzi na bosembo epai na mokonzi na ye, mpe mosali oyo alingaka baton a ye mingi ete akokaki mpe akopesa bomoi na ye mpona bango.

Kasi soki muana mosala apesaka sango na nguya na Elisa epai na Namana te, alingaka kokufa na kozanga kobika, mpe moke na kozwa lobiko. Bomoi na mokonzi mpe mobundi na talo etiamaki na bibebo na muana muasi moke.

Boteya Sango Malamu na mpiko

Lolenge ezalaki likambo na Namana, bato mingi zinga zinga na bino bazali kozela bofungoli na monoko na yo. Ata na bomoi oyo, bazali konyokwama na ba kokoso mingi na bomoi mpe bazali kokende nzela na lifelo mokolo na mokolo. Boni mawa yango ekozala soki basengeli mpona seko konyokwama sima bomoi na mawa kati na mokili oyo? Bongo, bana na Nzambe basengeli mpenza koteya Sango Malamu epai na bato eye.

Nzambe Akosepela mpenza mingi tango, na nzela na nguya na Nkolo, bato basengelaka na kokufa bazwa bomoi, mpe ba oyo bazalaka konyokwama basikolama. Akokomisa bango mpe bazwi na banzoto malamu, nakolobelaka bango ete, "Ozali muana na Ngai oyo ozongisi Molimo na ngai sika." Lisusu, Nzambe Akosalisa bango bazwa kondima monene na kokoka mpona kokota na mboka na nkembo na Yelusalema na Sika, bisika wapi Ngwende na Nzambe ezalaka. Ata bongo, ba mingi oyo bakoyoka Sango Malamu mpe bandimela Yesu Christu na nzela na bino bakopesaka matondi te mpona oyo bosalela bango?

Soki bato na bomoi oyo bazali na kondima ekoka te mpona kobikisama, bakozala na libaku na mibale te soki bakei na lifelo. Kati na minyoko na seko mpe komilela, bakoki kaka komilela mpe kobanza banza libela na libela.

Mpona bino ba oyo boyoka Sango malamu mpe bondimela Nkolo, ezalaka na komikaba mbeka mingi na ba tata na kondima, ba oyo babomama na ba mipanga, bakweya lokola bilei na ba nyama mabe na zamba, to koyamba kobomama na koteyaka Sango Malamu.

Eloko nini esengeli na bino kosala, sik'awa, boyebi ete bobikisama na lifelo? Bosengeli komeka oyo ekoki bino mpona kosikola milimo mingi na lifelo mpe komema bango na maboko na Nkolo. Na 1 Bakolinti 9:16, ntoma Paulo atatoli etinda na ye na motema kopela moto ete: ""Soko nazali kosakola Sango Malamu ezali na ngai likambo na komikumisa te, napesami simbisi ete nasala boye. Mawa na ngai soki nakosakola Sango Malamu te"

Nakolikia ete bokokende na mokili na motema ekopela moto mpona Nkolo mpe bobikisa milimo ebele na etumbu na seko na lifelo. Byei na koyeba mpona bisika na seko, nkele, mpe somo ebengami lifelo na nzela na buku oyo. Na bondeli ete bokoyoka bolingo na Nzambe, oyo alingi te kobungisa ata moto moko, basenjela na bo Kristu na bino moko, mpe boteya Sango Malamu na moto nioso oyo alingi koyoka yango.

Na miso na Nzambe bozali na motuya koleka mokili mobimba mpe na kokoka kolela eloko nioso kati na univer, mpo ete bokelamaka na elilingi na Ye moko. Bongo, bosengeli te kokoma moyumbu na masumu oyo etelemelaka Nzambe mpe esukisaka na lifelo, kasi bokoma bana na solo na Nzambe oyo bakotambolaka na kati na pole, bakosalaka mpe kobika kolandana na solo.

Na esengo na lolenge moko Nzambe Azalaka na yango tango

Akelaka Adamu, Azali kotalela yo ata lelo. Alingi bino bokokisa motema na solo, bokola kati na kondima na kimya, mpe bokoma na etape na kokoka na mobimba na Christu.

Na nkombo na Nkolo, nabondeli ete bokondimela mpenza Yesu Christu mpe bokozwa lipamboli mpe mpifo na muana solo na Nzambe, mpo ete bozala mungwa mpe pole kati na mokili, mpe bomema bato bazangi suka na lobiko!

Mokomi:
Dr. Jaerock Lee

Dr. Jaerock Lee abotamaki na Muan, province ya Jeonam, republique ya Koree, na 1943, na ba mbula ntuku mibale na ye, Dr, Lee anyokwamaka na ba maladi na ndenge na ndenge ezanga lobiko ba mbula sambo mpe azalaka kozela kufa na elikya moko ten a kozongela nzoto, kasi mokolo moko na tango na ebandeli na molunge na mbula 1974 akambamaka na egelesia epai na kulutu na ye na muasi mpe na tango afukamaki mpona na kobondela, Nzambe na bomoi Abikisaki ye na mbala moko na ba bokono na ye nioso.

Kobanda mokolo akutanaki na Nzambe na bomoi na nzela na likambo wana ya kokamwa, Dr. Lee alinga Nzambe na motema na ye mobimba mpe na solo, mpe na mbula 1878 abiangamaka mpona kozala mosali na Nzambe. Abondelaka makasi na mabondeli na kokila mingi mpo ete akoka kosososla malamu mokano na Nzambe, akokisa yango na mobimba mpe atosa Liloba na Nzambe. Na 1982, abandisa Egelesia Central Manmin na Seoul Korea na ngele, mpe misala mingi na Nzambe, na ba lobiko na kokamwisa, bilembo mpe bikamwa, ebanda kosalema na egelesia na ye kino lelo.

Na mbula 1986, Dr. Lee azalaka ordoner lokola Pasteur na Assamblee Annuel na Yesu Egelesia Sungkyul na Korea, mpe mbula minei na sima, mateya ma ye mabanda koyokama na Australie, Russie, mpe na Philippines. Na tango moke ba mboka mingi misimbamaki o nzela na Company na bitando Far Est, Diffusion na station na Asia, mpe Systeme na Radio Chretienne ya Washington.

Sima na mbula misato, na 1993, Egelesia Central Manmin eponamaka lokola moko na ba egelesia 50 eleki likolo na Mokili mobimba" na magazine chretien na Mokili mobimba (AM) mpe azwaka Doctorat Honorius na Divinite na College dela Foi Chretienne, na Floride, na USa, mpe na 1996 azwaki Ph.D. na ministere na Seminaire Theologique Kingsway, na Iowa, America.

Wuta 1993, Dr Lee Abanda evangelization na mokili mobimba na nzela na ba croisade mingi na mokili neti na Tanzanie, Argetine, L.A. Cite na Baltimore, Hawai, mpe New York na America, Uganda, Japon, Pakistan, Kenya, ba Philippines, Honduras, Inde, Russie, Allemagne, Peru, Republique Democratique ya Congo, Israel na Estonie.

Na 2002 andimamaka lokola "moteyi na reveil na mokili mobimba" mpona ministere na ye na nguya na ba croisade mingi o mokili mobimba ba journaux minene na Korea. Mingi mingi Croisade na ye na New York oyo esalemaka na Madison Square Garden na 2006, ndako oyo ekenda sango na mokili mobimba. Etalamaka na ba mboka koleka 222, mpe na Croisade Unie oyo asalaka na Yisalele na 2009, oyo esalemaka na Centre de Convention International (ICC) na Yelusalema ateyaka na nguya été Yesu Christu Azali Mesiya mpe Mobikisi.

Mateya ma ye mipanzanaka o nzela na bitando na ba mboka 176 o nzela na satellite na TV GCN mpe atalisama lokola moko na 'Bakambi na Ba Kristu 10 baleki na Influence' na 2009 mpe 2010 na magazine populaire na BaKristu Russe na kombo IN Victory mpe na agence ya ba sangoTelegaph Chretien mpona ministere na ye na nguya mpe misala na ye na ba mboka na ba paya.

Kobanda Sanza na Mai 2013, Egelesia Central Manmin ezali na lisanga na bandimi koleka 120,000. Ezali na ba branche 10,000 mokili mobimba kolandana na 56 kati na mboka korea, mpe ba missionaire koleka 129 batindama na na ba mboka 23, kosangisa Etats Unies, Russie, Allemagne, Canada, Japon, Chine, France, Inde, Kenya, mpe mingi koleka.

Na mokolo na kobimisa buku oyo, Dr. Lee akoma ba buku 85, elongo na ba chef ouvres lokola Gouter a la vie eternal avant la mort, Ma Vie ma Foi 1 & II, Sango na ekulusu, Bitape kati na kondima, Lola I & II, Lamuka, Yisalele!,na Nguya na Nzambe. Misala ma ye mikomama na minoko mileki 75.

Makomi ma ye mabimaka na Hankook Ilbo, Quotidien JoongAng, Chosun Ilbo, Dog-A Ilbo, Munhwa Ilbo, Shinmun Seoul, Kyunghyang Shinmun, Quotidien Economic na Koree, Herald na Koree Sango Shisa, Mpe Presse Chretienne.

Dr. Lee Azali sik'awa mokambi na masanga na ba associations mingi na ba missionaire. Position esangisi : President, Eglises Sanctifiee Unie de Jesus Christ ; President, Mission Mondial Manmin ; President Permanent, Association Chretienne de Mission de Reveil ; Fondateur mpe president ya comité, Reseau Mondial Chretien (GCN) ; Fondateur mpe president ya comite, Reseau Mondial des Medecins Chretien (WCDN) ; mpe Fondateur & President na Comite, Seminaire International Manmin (MIS).

www.ingramcontent.com/pod-product-compliance
Lightning Source LLC
LaVergne TN
LVHW021805060526
838201LV00058B/3244